欧阳询评传

中国历代书法家评传

何炳武 何微 著

陕西新华出版

太白文艺出版社 · 西安

图书在版编目（CIP）数据

欧阳询评传 / 何炳武，何薇著. -- 西安：太白文艺出版社，2018.6（2023.6重印）
（中国历代书法家评传 / 何炳武主编）
ISBN 978-7-5513-1442-8

Ⅰ．①欧… Ⅱ．①何… ②何… Ⅲ．①欧阳询（557-641）—评传 Ⅳ．①K825.72

中国版本图书馆CIP数据核字(2018)第115117号

欧阳询评传
OUYANG XUN PINGZHUAN

作　　者	何炳武 何 薇
责任编辑	李明婕
封面设计	可　峰
出版发行	太白文艺出版社
经　　销	新华书店
印　　刷	三河市同力彩印有限公司
开　　本	787mm×1092mm　1/16
字　　数	170千字
印　　张	13.25
版　　次	2018年6月第1版
印　　次	2023年6月第3次印刷
书　　号	ISBN 978-7-5513-1442-8
定　　价	42.00元

序

陕西省书法家协会名誉主席　雷珍民

陕西古为雍、梁之地，又称三秦大地，纵贯南北，连通东西，位于中国地理版图的中心区域。在整个周秦汉唐时期，关中地区都是古代中国政治、经济、文化的中心。数千年来，悠久的历史、厚重的文化，为陕西书法的不断发展繁盛、经久不衰提供了充足的营养。

在三秦文化肥沃的土壤之上，历代书法名家辈出，传世的精品碑帖不计其数。商周时期的青铜器铭文、先秦时期的石鼓文、西安碑林所藏的秦李斯《峄山碑》、汉熹平石经《周易》残石、《曹全碑》《大唐三藏圣教序碑》《道因法师碑》《颜勤礼碑》《颜家庙碑》《多宝塔感应碑》《玄秘塔碑》等皆堪称书坛瑰宝。众多作品中仍以隋唐时期为盛。隋代的智永，初唐时期的欧阳询、虞世南、褚遂良、薛稷，中晚唐时期的颜真卿、柳公权都是绝贯古今、声名显赫的书法大家。陕西因此而享有"书法的故乡"之美誉，声闻海内外。

改革开放之后，随着社会经济文化的不断发展，中国传统文化逐渐复兴，书法作为中国传统文化中最有特色的一门艺术也获得了长足的发展。一方面，在传统文化全面复兴的大潮下，书法有了更广泛的群众基础。由于书法在塑造完美人格、培养高尚优雅审美情趣等方面有着不可替代的作用，也越来越受到社会各界的认可。业余书法爱好者的数量迅速增加，书法艺术群众化、民间化的趋势日益明显。另一方面，从事书法研究的专业队伍不断壮大。整个陕西书法界呈现出百花齐放、百家争鸣的良好态势。陕西的书法家们通过作品展览、专题讲座、理论研讨等多种形式积极弘扬传统书法艺术，推动陕西书法事业的不断发展。书法研究者能够潜心钻研书法，发表论文，出版专著，举办展览，开坛讲学，在理论、实践等方面都取得显著成绩的同时，也将陕西书法的声誉和影响拓展到三秦大地之外更为广阔的领域中去。

近年来，专业人员积极投身书法理论研究，将书法的专业研究与群众普及结合起来，扩大陕西书法群众基础，推动陕西书法进入了新阶段。为了更好地传承祖国的书法艺术，陕西省社科院中国书画研究中心何炳武主任主编了《陕西书法史》。这套书出版后引起了较大的社会反响，对深入认识陕西书法、普及书法发挥了重要的作用。

现在，陕西省社会科学院中国书画研究中心又撰写了"中国历代书法家评传"丛书。他们选择中国书法史上最具代表性的书法大家作为研究对象，通过多种渠道搜集相关文献资料，进行深入的个案研究。其研究视角不仅仅关注书法家书法风格形成的历史背景及时代风貌，更注重其书法思想、理论的研究，关注书法家对前代的继承、创新和对后世的影响，将书法家的人生经历、时代背景与其书法创作紧密联系起来。这样的研究方法突破了传统研究中书家与书作相分离的局限，也为书法研究开辟了一条崭新的道路。

"没有高度的文化自信，就没有中华民族的伟大复兴。"十九大以来，随着中华民族伟大复兴进程的加快，更好地传承中国优秀传统文化，深入挖掘中华优秀传统文化的内蕴，是摆在我们面前最重要的任务，也是每一个学人在新时代下的责任。我认为，这套丛书的陆续出版，对于推动陕西书法事业的发展和弘扬祖国优秀的传统文化都具有重要的意义。

是为序。

2017 年 10 月 16 日

目录

第一章 欧阳询书史形象
建构之成因

在中国书法艺术的发展史上，欧阳询以其用笔工谨、结体方正的楷书艺术和见解深刻、独到的书学思想，建构起重法尚意、兼容南北朝的书史形象（图1-1）。

尽管有论者认为欧阳询这一书史形象"过于程式，近乎刻板"，"缺少大唐盛世开宗立派的磊落雄风"，但也承认其书"有几分南朝的秀颖，也有几分北朝的峻厉"①。实际上，欧阳询并非处于"大唐盛世"，他历经南朝陈、隋、唐三朝，三十六岁前主要生活于南北朝长达四百年动乱岁月的后期，只是晚年，也就是其人生的最后二十三年，才在唐帝国初期度过。此时，整个文化艺术界的审美观念和创作实践，尽管经过隋代短期的调整，也还处于"乍暖还寒时候，最难将息"，连雄才大略的唐太宗都还沉溺在南国的流风遗韵之中。那时的唐太宗李世民热衷于梁、陈时代那淫靡浮艳的宫体诗和富丽呆板的宫廷诗，对"二王"的书风更是顶礼膜拜，使得南朝文化风气在文化艺术界还处于垄断地位。就是在这样的审美趣尚中，欧阳询却能在书法艺术上重法尚意、兼容南北，确实是戛戛独造的。

欧阳询这种书史形象的建构，不但得力于他历仕三朝的独特经历，还与其对时代审美趣尚发展走向的前瞻性的

图1-1 欧阳询像

---

① 陈方既、雷志雄：《书法美学思想史》，河南美术出版社，1994 年。

把握和深入的书学理论探索息息相关，同时也与其艰苦的书法创作实践，以及被推为"唐楷第一"的艺术水准有着密切的联系。

第一节　书史形象建构与书史流变

欧阳询书史形象的建构，与中国书史的流变历程同步发展，并逐步定型。

一、书法之古道与欧阳询之"合乎古道"

欧阳询论书主张"合乎古道"。他所称的"古道"，虽然主要是魏晋六朝的书法之道，但他并非仅止于此，在建构自己的书史形象时，他对魏晋六朝之前书法之"古道"也予以特别的关注。

中国书法是一门以汉字为载体，表现于时间，展现于空间，借笔墨运行以抒情达意的意象艺术。在漫长的发展长河中，它与汉字的发展合流而生，但又具备"达其性情，形其哀乐"的独特生命特征。就实用价值而言，汉字诞生之初主要是记录语言的功用，比如殷代的甲骨文（图1-2）。甲骨文作为殷商晚期的卜筮文字，尽管主要用于功利性的实用目的，但它又是作为书法艺术第一表征出现的。透过甲骨文神秘、诡谲的宗教外壳，不难感知其动人心魄的艺术力量。从其造型上，或是从殷人契刻之后填以朱墨之色（如武丁时贞人所为）等现象看来，当时人们对文字进行美化的意向已经是十分明显了。故陈振濂先生谓："在甲骨文里渗透着先民们对美的规律的不懈追求，那些浑然天成的美学特征

图1-2　甲骨文

反而是今天主体意识早已觉醒了的书家难以企及的地方。"① 现代学者董作斌先生在对甲骨文进行文字学研究的基础上，也对其做了精微的审美观照，将从盘庚到帝乙时期甲骨文艺术风格的演变分为五个阶段：雄浑遒健——谨饬而富于理性——颓靡衰陋——峭拔精警——秀整娟细。这些艺术风格的呈现，尽管还算不上自觉的审美追求，但不仅证明当时人们进行美化的意向十分明显，而且还打上了殷商社会时代精神发展的鲜明标记。

尽管欧阳询无缘见识甲骨文，但在甲骨文艺术因素影响下出现的周代金文（图1-3），他却有机会见识。金文尽管在时序上与甲骨文是两种不同的文字形态，但却与甲骨文同步交叉发展，殷代既有金文，周代也有甲骨文。金文作为礼器铭文，也寄寓着原始的宗教意义。它同青铜器的饕餮、鸱枭纹饰构成一体，"以超世间神秘威吓的动物形象，表示出这个初生阶级对自身统治地位的肯定和幻想"②，构成了中国书法早期文化精神的主体内容。

值得注意的是，就在甲骨文、金文已经臻于高度成熟时，中国"六书"的理论体系在西周时期也已经形成了，从空间结构、审美观念两个方面确立了书法美学理论的基点。其中的"象形""指事""会意"，构成空间结构的三大基本元素，而"转注""假

图1-3　散氏盘铭文

---

① 陈振濂：《书法学》，江苏教育出版社，1992年。
② 李泽厚：《美的历程》，天津社会科学院出版社，2001年。

借""形声",尽管在结构形态方面并不完全是"观物取象",但表现在结构形态方面也还是作为立足的根基。欧阳询深谙"六书",其《三十六法》在研究楷书的结字规律时,就体现了"六书"的理论体系。

经历了秦时的石刻文字(图1-4),转型为汉代的隶书,至魏晋南北朝时期,相继出现行书、草书、楷书。这些,都已经进入欧阳询关注的视线之内。随着汉字书写载体从龟甲、兽骨到碑、简及绢帛(图1-5、图1-6)、纸张的不断简便,传播手段由立体镌刻到平面书写的不断简化,其实用价值与审美价值也慢慢结合并得到了充分的发挥,为欧阳询在书论中重法尚意,在书法创作中兼容南北,奠定了坚实的基础。

图1-4　峄山刻石

图1-5　竹简

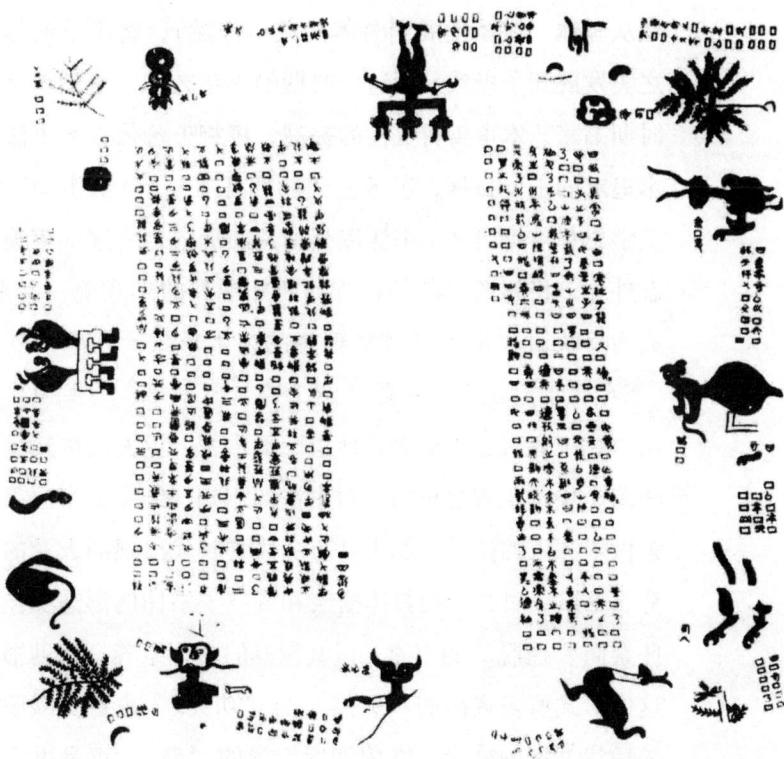

图1-6　楚帛书

二、书法艺术的自觉与欧阳询
　　的审美追求

与文学、绘画艺术一样，就书法的审美价值而言，书法艺术也"自觉"于汉末魏晋时期，从书法之"意"的层面，激活了欧阳询自觉的审美意识。

这一阶段，随着从政治一统的社会结构转变到诸侯割据的局面，从独尊儒学的思想统一转型到玄学思潮的自由宽松，从"止乎礼仪"的严格规范变化为魏晋风度的精神重于形骸、气格大于本体，政治对艺术的制约能力相对减弱，中国艺术的各种门类开始自觉地强调审美价值，并日趋成熟。就文学而言，突出讲求形式之美，例如诗歌中产生根据汉语四声极力避免八病的"永明体"，其特点就是讲究严格的声律与精美的对仗。这一时期出现的骈文，在声律、对仗、用典和辞藻上也极为考究。汉代产生的辞赋也从骚体、散体发展到骈体（或曰俳赋），将汉学的形式之美发展到了极致。而这一时期的书法艺术，也随着魏晋时期书家艺术审美自觉性的提高，将审美价值作为书法艺术追求的主要目标，艺术上"以形写神""气韵生动"的美学思想被提出来。书法以其抽象的形式，将这一审美心态外化，将超逸自若的精神与妍媚悦目的形式统一起来，成为反映时代审美情致最理想的艺术形式。据宋人陈思《书苑菁华》记载，钟繇（图1-7、图1-8、图1-9）提出"用笔者天也，流美者地也"的主张，卫夫人在其《笔阵图》中与王羲之论书，对书法的用笔、结字、章法等要素做了深入的探讨（图1-10）。西晋时代出现的大量的书势、书赋、书状，则具体描绘和赞赏了书体的形态美。这些崇尚"通脱"的书家，以其深厚的文化素养，借助书法这一形式所表现出的"天然"与"功夫"，也备受欧阳询等后代书家的推崇。欧阳询所崇尚的"韵"，正是书家通脱的心态、深厚的文化素养和坚实的艺术功力的最佳统一。

图1-7　钟繇像

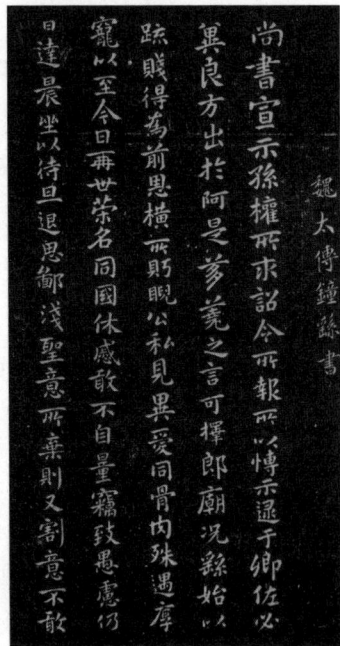

图1-8　钟繇《宣示表》

图1-9　钟繇《荐季直表》

图1-10　卫夫人《急就章》

　　在秦汉以前书法的实用阶段，尽管也有审美追求，但归根结底是无意识的，只是为了更好地记录汉字，托载典籍。只是到了汉末魏晋时期，书写者在用笔、结字、章法上才有了自觉的审美追求，才借助书写汉字"达其性情，形其哀乐"，汉字才成为一种独立的艺术形式。

　　南北朝时期，社会更为动荡，强者恃勇掠夺，文士阶层则从行动上或思想上遁迹山林，皈依佛门，寻求精神解脱。书法继承两晋的传统，随文士间的唱和，随文学诗歌的发展，继续成为抒情寄志的形式。由于南朝、北朝在地理形势、生产方式和社会组织这些文化赖以产生的生态学元素的不同，再加上国家的长期分裂，南朝北朝遂形成不同的文化特色，书法艺术也是这样。南朝杏花春雨的生活环境、渔歌互答的生产方式，造就了南人精微阴柔的审美意识。书作亦继承东晋"二王"遗风，注

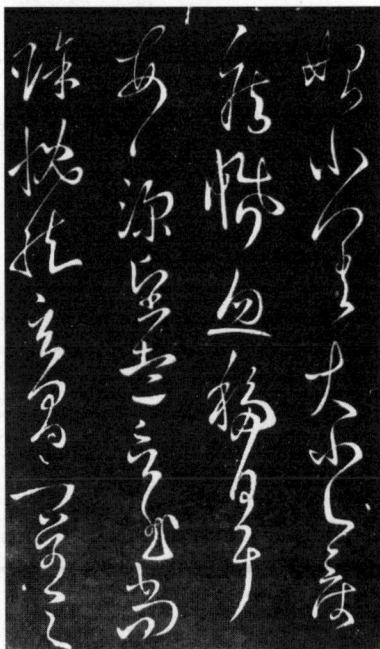

图1-11　羊欣《足下帖》

图 1-12 王僧虔《乐毅论帖》

图 1-13 智永像

重个人情性的抒发，注重个性风格的品藻。书写载体以简牍为主，而且因为南朝禁碑，难以借鉴碑书的雄强之势，简牍书法遂形成了疏放妍妙的风格。自羊欣（图1-11）、王僧虔（图1-12）、智永（图1-13）之后，用笔虽日益精致优美，气格却日趋庸俗靡弱。南朝庾元威《论书》即谓：

> 余见学阮研书者，不得其骨力婉媚，惟学拳拳委尽；学薄绍之书者，不得其批研渊微，徒自经营险急。晚途别法，贪省爱异，浓头纤尾，断腰顿足。①

这就是说，南朝书风因过分追求婉媚的艺术风格，而导致笔法的"拳拳委尽"，以致形成"浓头纤尾，断腰顿足"的体势。而北朝辽阔的原野、春耕夏耘的生产方式，造就了北人雄强博大的审美意识，所以看重摩崖石刻和碑刻。当时能书之士直接书丹，并精心雕刻，因而留下了许多碑板、墓志、塔铭、造像记、刻经幢柱等。这些书作虽有不少出自民间书手，有的甚至是粗识文墨的工匠，直接以刀代笔，凿刻成字，但字势奇崛，出之自然，别有一种纯简粗朴的风韵。孔子云："礼失而求诸野。"北朝这些民间书手和粗识文墨者，所传却多为"中原古法"，实质上就是篆隶之书沉雄、稳健的笔法，给人以似丑实美、刚柔相济的美感，与后来唐人所称许的"屋漏痕""锥画沙""印印泥"等均是同一笔法。北朝石刻浑朴雄厚的书风，正是南朝简牍书法所缺乏而亟须学习与借鉴的。

因此，中国艺术发展到南北朝后期，亟待南北各弃所短，各取所长，只有在兼容中才能得到进一步的发展。欧阳询初仕陈朝，继而入隋仕唐，南朝北朝书

---

① 〔梁〕庾元威：《论书》，转引自《历代书法论文选续编》，上海书画出版社，1993年。

法兼容的任务，就落在了他的身上；同时，魏晋南北朝书法的发展，尤其是南北朝书法所呈现的不同的艺术风格，也为欧阳询兼容南北、重法尚意提供了最有价值的参照系。

三、书法的转型与欧阳询的书史形象

隋朝建立后，伴随着南北的统一、民族的融合，文化也进一步得到了融合。

由于隋代统治集团原为北方士族，又将建都的关中大地作为政治、经济、军事和文化的中心，所以开始对柔靡的南方文化进行改造。隋文帝就曾惩罚文表写得华艳的泗州刺史司马幼之，治书御史李谔也指斥南朝文风是"连篇累牍，不出月露之形；积案盈箱，惟是风云之状"①。隋初诗人如卢思道、杨素、薛道衡等，原来都是北朝人，他们的边塞诗已经显示出南朝北朝文学开始合流的新气象。这就是说，南北朝文化艺术从隋朝已经开始取长补短，处在自觉的彼此交融之中。《隋书·文学传序》就总结了南朝北朝文学艺术不同的特点，明确提出了时代的要求：

> （南、北文学）彼此好尚，互有异同。江左宫商发越，贵于清绮；河朔词义贞刚，重乎气质。气质则理胜其词，清绮则文过其意；理深者便于时用，文华者宜于咏歌。此其南北词人得失之大较也。若然掇彼清音，简兹累句，各去所短，合其两长，则文质彬彬，尽善尽美矣。②

这就是说，南朝北朝文学只有"各去所短，合其两长"，才能"文质彬彬，尽善尽美"。书法的发展与文学一样，也同时进行着由分而合的融合与整合。南朝百官由建康北入关中，既为北地带来江南秀色，也领略到了北地的粗犷与豪迈。江左风骨，北人自是翘首痴迷；而北朝的浑厚朴

①②〔唐〕魏徵：《隋书》，中华书局，1973 年。

茂，又弥补了南方的绮丽靡弱之不足。正如康有为所言：

> 隋碑内承周、齐峻整之绪，外收梁、陈绵丽之风，故简要清通，汇成一局，淳朴未除，精能不露。譬之骈文之有彦升、休文，诗家之有元晖、兰成，皆荟萃六朝之美，成其风会者也。[①]

隋代君主好尚书法。由于较之诗文，书法用笔、结字、章法的表现形态要显得含蓄，所以隋代君主尽管不满意南方的文风，却喜欢江南的法书，曾不惜重金，广为搜罗。隋文帝于开国之初，便将自己搜罗的诸多古帖，请欧阳询的养父江总等人予以鉴定。隋炀帝也很喜欢智永（图1-14、图1-15）和智果（图1-16）的书法，认为"智永得右军肉，智果得右军骨"，可谓中的之论。

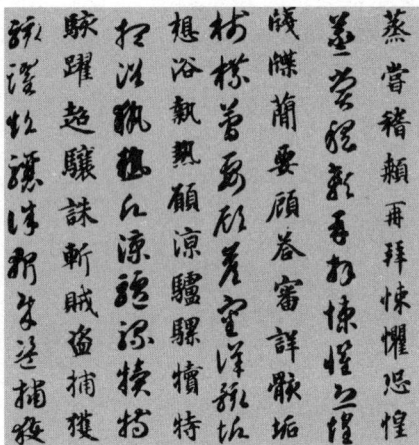

图1-14　智永《真草千字文》　　图1-15　智永《还来帖》　　图1-16　智果书法

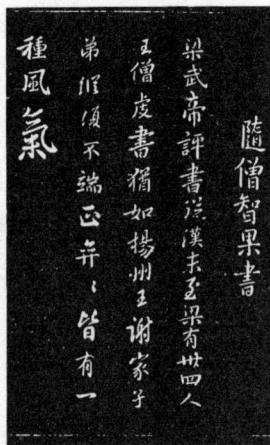

从历史上看，隋代尽管只有短短的二十七年，但中原大地已经进入了一个一统天下的新的历史发展时期。因而，尽管隋代君主喜欢江南法书，但南、北书风融合的趋势却是不可扭转的。从隋代传世的《龙藏寺碑》《曹植庙碑》《贺若宜碑》《董美人志》《启法寺碑》等著名碑刻来看，已经具有明显的南北兼容的面目。同时，隋代也已开始从理论上研

---

① 〔清〕康有为：《广艺舟双楫》，转引自《历代书法论文选》，上海书画出版社，1979年。

究书法之法。智果的《心成颂》即阐释了字的"向背、仰覆、垂缩、回互"等结构原则和"间合间开""隔仰隔覆""回互留放""变换垂缩""繁则减除""疏当补续""分若抵背""合如对目""孤单必大""重并仍促""以侧映斜""以斜附曲"等矛盾统一现象。这就使得南朝书人那种但求抒发主体情志而不计其他的书法观，被书法之法的讲求冲淡了；那种讲求灵性对象化而不计笔墨规范的追求，也被体现在法度上的功夫冲淡了。《心成颂》的出现表明，隋人的本意是以前人为法，却因对书法之法的执着追求，使得书法开始走向一个以法度森严为美的时代。

更值得注意的是，欧阳询亲身经历了隋代自建国到灭亡的全过程，而且生活于社会上层，因而直接体悟出隋代书法发展的这一正确走向。他的《结字三十六法》和《八诀》等书论和对书法之法的探求，就是直接受到智果《心成颂》的影响，遂在初唐时期完成了自己书史形象的建构。

"书宗晋唐"，晋唐书法是中国书史流变之中的高山景行。但是，晋人所传法书，仅有陆机之《平复帖》（图1-17）和王珣之《伯远帖》（图1-18），其余则用枣木石拓，辗转翻摹，或经唐人以己意临摹，故江左风流，直如镜里看花。而唐代书风炽盛，碑帖藏真，使人可心追手摹。

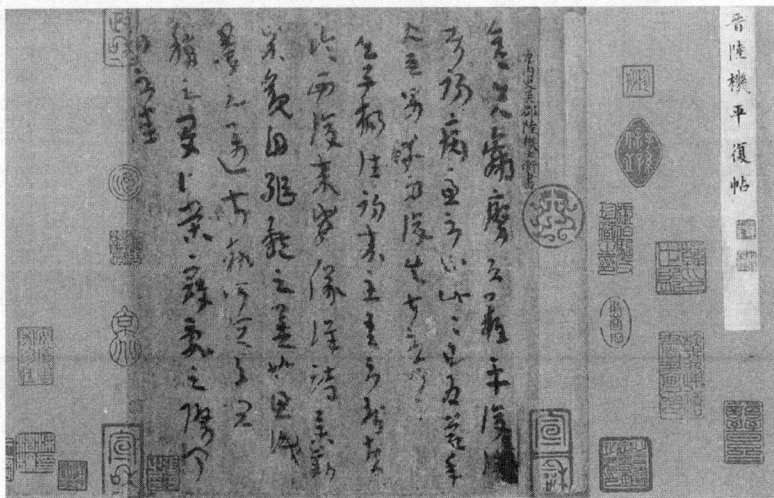

图1-17　陆机《平复帖》

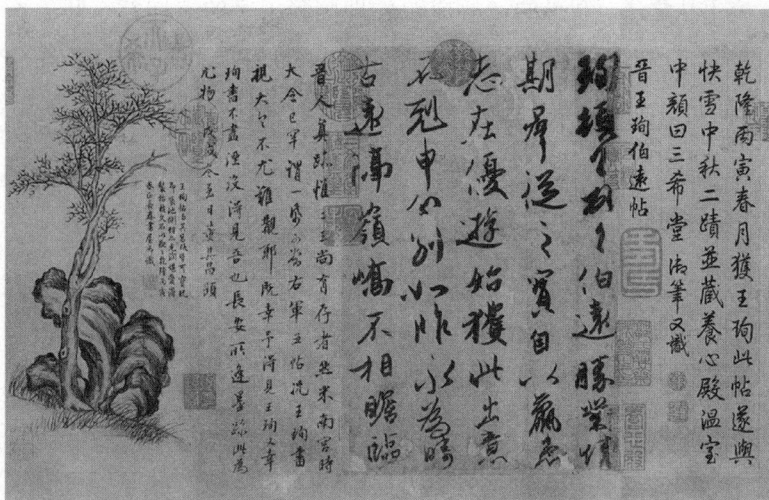

图 1-18　王珣《伯远帖》

中国艺术发展至唐初，由于统治集团审美的差异性，他们不仅像隋代君主一样喜欢南朝书法，也很喜欢南朝诗歌，所以极力推崇江左风流，日益追求形式之美。唐太宗就大写淫靡浮艳的宫体诗、富丽呆板的宫廷诗。以上官体为代表的宫体诗风，彩丽竞繁，绮错婉媚。他还把作诗的对偶归纳为六种对仗的方法，对律诗形式的发展起了促进作用。之后，沈佺期、宋之问等宫廷诗人，则最终确立了五、七言律绝的完美形式。书法艺术也"接武六朝"[①]，既重南朝书法之韵，又开始确立唐朝书法之法。以唐太宗为代表的上层统治集团，尽管热衷于"二王"书风，对承袭南朝书风推波助澜，然自隋代以来书风兼容南北的艺术追求，已经为书法的发展开启了一条新路。唐初出现了许多具有开拓意义的书法现象，即如南北朝比较冷落的草书忽然大兴，且发展为豪放激荡的狂草；在实用中逐渐被淘汰的篆隶，被人用作书写素材并赋予了新时代的严谨风格；"重法"的倾向不仅没有逆转，而且初唐四家还以法度森严的楷书名震朝野，成为当时人们学书的楷模；由隋僧智永确立的"永字八法"（图 1-19）和智果所撰的《心成

① 马宗霍：《书林藻鉴》，文物出版社，1984 年。

颂》中对笔法和结体的重视，不仅在欧阳询的书论中得到阐发，而且在虞世南、褚遂良等书家的笔下得到体现。初唐的书家们已经在继承南朝书法之韵的同时，开始在创作实践中探讨建立唐朝书法之法了。这样一来，唐朝书法之法的确立，已经水到渠成。

历仕三朝的欧阳询，既领略过南帖娟秀之意，又熟悉北碑雄强之势，因而于书法上兼容南北，成为这种时代书风的代表人物。他在创作实践中完善了楷书的法度，为后代学书者确立了永久的楷模；在理论上则总结出"八诀"和"三十六法"，标志着楷书的成熟与在此基础上的理论进展。从而成为继往开来、主宰书坛沉浮之一代翘楚。

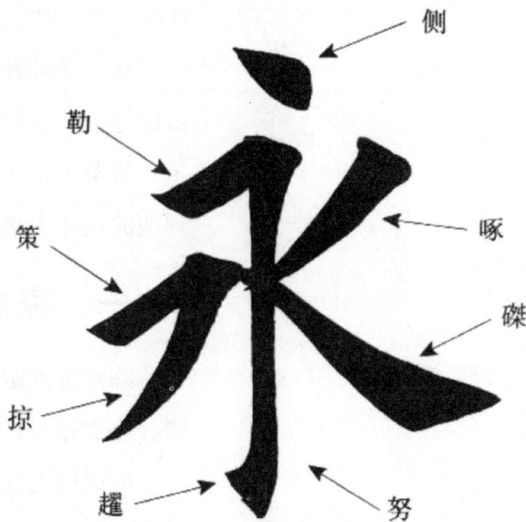

图 1-19　永字八法

第二节　将、侯之家的文化基因

从社会学的角度来看，一个人既具有自然属性，也具有社会属性。就自然属性来看，要受到遗传基因的影响，这就涉及家族文化；就社会属性来看，要受到社会环境和文化背景的影响，这就涉及地域文化和师道文化。一个人的成长，正是得力于这三种文化因素的影响。由于不同的地理特征、生产方式和社会组织，而形成不同的地域文化；由于不同的经济基础、社会地位、人员组成和文化传统，而形成不同的家族文化；由于施教者不同的术业专攻、思维定式和治学风格，形成不同的师道文化。正是这三种文化，造就了一个特定的人。古今中外，概莫能外。

欧阳询出生于南国，成长于南朝。在他八十五年的人生岁月中，既在南国度过幼年时代享受过将、侯之后的家族荣耀，又在少年时代承受过作为"叛将"之后的屈辱经历。此后，则从杏花春雨的南国来到白马秋风的北地，历仕陈、隋、唐三朝，亲身经历了中国社会从南北分裂到海内一统，从陈朝的积弱积贫，经隋代的短期统一到唐初的贞观之治。在聆听了陈后主的《玉树后庭花》后，又观赏了一代英主李世民的《秦王破阵乐》。这一切，直接影响到他的文化人格、审美意识和艺术品位的形成。

一、家族的荣耀与沉浮

陈武帝永定元年（557），欧阳询出生于南国的潭州临湘（今湖南长沙）。

就地域文化来说，欧阳询从小沐浴的是山明水秀中的杂花生树、群莺乱飞，这给他的心灵世界种下的似乎是阴柔的种子。但是，植根于南国的欧阳家族，却是仕宦和武将世家，使得欧阳询的家族遗传中多了些猛健的基因。祖父欧阳𬱃，时任使持节、都督衡州诸军事、安南将军、衡州刺史等职，为始兴县侯。他为官清廉，后来历任散骑常侍、都督交广等二十州诸军事、安南将军、征南大将军等要职，于陈文帝天嘉四年（563）病逝于广州任所，享年六十六岁。死后被赠封为侍中、车骑大将军，谥号为穆，并封爵阳山郡公。

欧阳询出生时，他的父亲欧阳纥只有二十岁，正随祖父从军。父亲骁勇善战，在平定岭南之乱中，屡建战功。欧阳𬱃死后，欧阳纥子承父业，承袭爵位，并任都督交广等十九州诸军事、广州刺史等职，领军水陆夹击，平定闽中之乱。他为官十余年，巩固和稳定了南方局势，威震边疆。他为官一任，恩威并济，造福一方。

在魏晋南北朝所推行的世袭门荫制度中，"上品无寒门，下品无世族"。将、侯之家的出身，在欧阳询的面前，似乎展示出一条宽广的前路。但是，如同天有不测风云一样，人也有旦夕福祸。陈宣帝太建元年（569），欧阳纥为奸人所谗。这在官场上是屡见不鲜之常情，因为市朝倾轧本来就是官场生活的附属物。只要被诬陷者据理力争，或有人援之以手，本来可以化险为夷。但性格倔强的欧阳纥却没有入朝辩解，而是拒绝入朝，进而据广州而反，朝廷随即派兵征讨。次年春天，欧阳纥兵败被擒，一家大小悉数被推上断头台。

这一年，欧阳询刚满十三岁。他本来也在问斩之列，但却奇迹般地活了下来。原因是他因逃匿于外而幸免于难。此后两月，皇太后驾崩，宣布大赦天下。欧阳询尽管是叛将之后，却并非是作乱犯上者本人，不属于"十恶不赦"之列，因此得以侥幸逃过一劫。

二、家世磨难与直面人生的性格

作为将门之后，祖辈的刚毅，父辈的倔强，都遗传给了欧阳询，他的血液中流淌着与生俱来的刚毅和倔强。但是，家族刹那间所发生的巨大惨变，亲人悉数被杀，被人看作"叛将"之后，欧阳询在其中所遭受的白眼，所受到的屈辱，更是一般人所难以忍受的。有的人奉行"士可杀不可辱"的信条，以结束生命寻求解脱；有的人从此沉沦下去，苟且偷生，再也谈不到有什么作为。但苦难既是磨难，可以使弱者低头；也是一种财富，可以为勇者淬火。事实证明，欧阳询不是弱者。他这时如果做了弱者的选择，不仅中国书法史上会少了一位杰出的书法家，而且在当时也轻微如蝼蚁，根本是无足轻重的。

我们看到，这个不谙世事的无辜少年，经此劫难后，更增添了忍辱负重的坚忍与刚强。这不仅使他在以后的人生历程中，虽历经磨难而仍能直面惨淡的人生，正视淋漓的鲜血，而且对他此后险峻书风的形成，也不无影响。

第三节　领悟魏晋风度和尚韵书风

正是南国的地域文化，使得欧阳询天然地亲近魏晋风度；正是欧阳家族的遗传基因，使得欧阳询在书法艺术的美学追求上既重法又尚意。

一、师道传承与魏晋风度

欧阳纥生前，就将欧阳询托付给他的好友江总收养。

对于欧阳询来说，江总既是他的养父，也是他的师尊。江总亲切的关照，使失去父亲的欧阳询享受到难得的父爱。江总严格的教诲，使欧阳询受到良好的书学和书艺教养，并逐渐领悟了魏晋的书法风流。

江总时任东宫佐吏，曾被朝廷征为明威大将军，始兴内史。但在上任途中遇江陵之陷，遂流寓于岭南，与欧阳询之父欧阳纥结为知己。后被征为中书侍郎还朝，历任司徒右长史、东宫管记、黄门侍郎、太子詹事等。太建十四年（582），陈宣帝死，太子即位，江总先后升迁为吏部尚书、尚书仆射、尚书令、中权将军等。陈后主祯明三年（589），陈朝灭亡，欧阳询随江总一起降隋，从江苏南京迁往隋都所在地大兴，江总被任命为上开府仪同三司。五年后，即隋文帝开皇十四年（594），江总死于南京，享年七十六岁。欧阳询这年三十八岁，随同养父一起生活了二十五年。

江总在南朝素以文学、书法见称，又精于鉴定，史称其"率性""卒不冠带""独步方外"，在书学上具有不随流俗、不落前人窠臼的自信与率真。他靠着显赫的官位和与陈后主的特殊关系，能亲眼看到内府所藏的法帖名迹，其家藏亦应不少。所以入隋后，酷好书法的隋文帝才请他鉴定自己广为搜罗的古帖法书。作为养父与师尊，江总不仅为欧阳询创造了良好的读书学习环境，而且"教以书记"，亲自教授欧阳询读书识字，学习书法。欧阳询也很好地利用了这种条件，他"自幼敏悟绝人，笃志不倦"，再加上勤奋好学，深得江总喜爱，父子、师生关系十分融洽。他随江总赏鉴过许多法帖真迹，所以他对于法书的鉴定，更是耳濡目染，获益良多。

二、建康岁月与尚韵书风

欧阳询在随侍养父江总的二十余年间，长居建康（今江苏南京），沉浸于南国流美妍妙的"二王"书风的氛围之中。

宋代释适之在《金壶记》中记载：

> 欧阳询因见《右军教献之指归图》一本，以三百缣购之而归。赏玩经月，喜而不寐焉。于是始临其书。其笃志专精如此。①

且不论《指归图》的真赝问题，它起码说明了欧阳询早年对"二王"书法的痴爱，临习时的"笃志专精"。他的书法渊源也的确是得自王氏胎息，影响最大的当是行草书。《旧唐书》本传称他"初学王羲之书，后更渐变其体，笔力险劲，为一时之绝"。《新唐书》亦称其"初效王羲之书，后险劲过之，因自名其体"。唐人如张怀瓘《书断》更断言欧"真行之书，于大令别成一体"。可见在当时的"二王"旋风里，欧阳询对以"二王"为代表的南朝书风的涉猎之广和研习之深。

第四节 入隋与渐变其体

入隋之后，欧阳询任太常博士，"掌五礼仪注，引导乘礼，定谥谥守祧庙，开闭坎堂及祥瑞之事"，实际上是七品闲官。他虽曾奉诏与褚亮等一起参修《魏书》，但因杨素逝世而搁浅。官职的清闲，反倒为他潜心书艺提供了充分的时间，其书名渐重长安。

欧阳询在陈朝时，对于江南的楷体下过很大功夫，对楷法结构的钻研尤其深入。再加上他博览群书，尤精于碑帖研究，这些经、史、文、哲的深厚学养，滋养、升华着他的艺术观念和审美情操，使得他的书法作品有着当时其他书家所

---

① 〔宋〕释适之：《金壶记》，转引自《书林藻鉴》，文物出版社，1984 年。

无可比拟的独到与精密。于是，当时朝中大臣如姚辩、元长寿、周罗睺等人的碑志，特请欧阳询以隶、楷书之。

隋炀帝大业元年（605），史书上开始出现了关于欧阳询的记载。《隋书·潘徽传》即谓："炀帝嗣位，诏徽与著作佐郎陆从典、太常博士褚亮、欧阳询等助越国公杨素撰《魏书》，会素薨而止。"① 潘徽为秦王府中学士，褚亮是唐代书家褚遂良之父。欧阳询这年由东宫学士升职为太常博士，此前官职不详，任太常博士一职或先于此年。

欧阳询仕隋二十八年，任太常博士一职十五年。这是他生活稳定、潜心治学的重要时期，也是他书法风格的初步形成阶段。他由南入北，官居隋都，成为兼容南北书风的最佳人选。他以一个书家特有的潜在气质，看到北朝书风的浑朴雄厚，正是自己沉浸已久的南朝书法所缺乏而亟待借鉴的。此前南朝禁碑，隶书古法尽丧。而眼前的"北派是中原古法，拘谨拙陋，长于碑榜"②。北国山崖、宫阙间到处林立的碑碣，风格质朴自然。欧阳询便取舍调和，逐渐于书风上形成了自家独特的风貌而为时人所重。

一、调和笔法

欧阳询的调和从笔法入手，以北朝方正的书风来挽救南朝书风的纤弱。在《用笔论》中，他借"无名公子"之口，告诫"善书大夫"，其所谓"行行眩目，字字惊心"，有违书法艺术的"古道"，其"急捉短搦，迅牵疾掣"的用笔之法，是使南朝书法日渐靡弱的根源。他强调"用笔之体会，须钩粘才把，缓继徐收"，"梯不虚发，斫必有由"，"帷截纸棱，撇捩窈绍，务在经实，无令怯少"，即以方笔棱侧来表现出雄劲之势。这与北碑书法的方正、

---

① 〔唐〕魏徵：《隋书》，中华书局，1973 年。

② 〔清〕阮元：《南北书派论》，转引自《历代书法论文选》，上海书画出版社，1979 年。

朴茂相契合，与南朝尺牍的书写则完全不同，是真正意义上的合乎"古道"。他认为，书法的根本是讲究用笔的沉稳与敦厚，然后再"遂其形势，随其变巧"，只有这样才能"徘徊俯仰，容与风流"。

当然，欧阳询对北朝书法并非生搬硬套，而是去粗存精，融入了提按顿挫、笔锋翻转变化等精妙笔法，发笔处则兼有王氏之流的美妙，从而弥补了北朝书法所或缺的"匀称"，使得字的线条轻重曲直、欹侧平整相调和，极富力感、动感和个性情趣。故清代包世臣在《艺舟双楫》中称欧书"指法沉实，力贯毫端，八面充满，更无暇于外力"①，说明有着良好楷书功底的欧阳询，正是在秀丽工整的江南旧体楷书和规整精严的北朝笔法中，找到了契合点。

二、结体取势

北朝碑刻字势跌宕险峻，隶书、楷书用于铭石，体势丰富，古法犹存。此时，欧阳询开始学习、借鉴北朝碑刻的结体取势。欧书横画斜向伸展，竖画极力纵伸，戈钩恣肆挑纵，都清晰地映现出他所吸取的北朝"险峻"与"纵逸"的取势特征。当然，欧书纵长取势的特征，主要是他后来追求个性风格变化的结果。

三、理论自觉

古今艺术史证明，艺术家创作都是来源于生活和社会实践中，经过观察、体验而产生冲动。进入创作过程后，艺术家未必都是自觉的，有时还排斥自觉，因为那可能导致"主题先行"，以至于陷入公式化、概念化。立足于创作实践的理论是否能够自觉，则来源于艺术家对艺术规律的悟性和理论思维能力，欧阳询对书法艺术就有这种悟性

---

① 〔清〕包世臣：《艺舟双楫》，转引自《历代书法论文选》，上海书画出版社，1979 年。

和思维能力。他在书学理论上的自觉，来源于他自己的创作实践，也符合书法的艺术规律，因而指导和影响着他自己和以后书家的创作实践。

相较于虞书，欧书多了些遒劲。虞世南被称为"二王"书风的嫡传，其运笔、结体和笔致、气韵、章法颇得大王之精髓，"虞戈"即成为唐太宗李世民学书的典范。与虞世南不同的是，欧阳询如李煜所言"得右军之力而失其温秀"，对王书没有一味因袭，而是舍弃其"温秀"而弘扬其"骨力"。因而就书风特点来看，虞世南典型地代表着南国温和秀发的书风，欧阳询则更多地承传了王氏书风的力度，再吸取北国碑书的整饬。所以就书法渊源来说，虞书"本是南朝王派"，所以只能在纸上挥毫，不敢在碑碣上展示。而欧书则"全从隶法而来"[1]，深得蔡邕、索靖的遗传，敢于在摩崖巨石上一展雄风。欧阳询的楷书碑刻《九成宫醴泉铭》和《正草九歌千字文》都少了些书卷之气，而颇显秦汉篆书、隶书的金石之味。总之，欧阳询扬弃了南帖的沉静安详、迤逦绵延，更显得法度严谨，书风也雄深健雅，处处表现出尚法的努力。

第五节　仕唐与兼容南北

欧阳询的书史形象建构，定型于初唐时期的社会环境、文化背景和审美追求之中。他自觉地吸取自魏晋南北朝以来的审美趋向，在书法的创作论、技法论以及风格论等方面都重法尚意，他的书作也融法、意于一体，呈现出质妍互重的特点。因而，无论是书法理论，还是书法创作，欧阳询在初唐书法史上都展现出一个真正艺术家的雄大胆识和超强的创造力，使得初唐书风向着健康的方向发展。

---

① 〔清〕阮元：《北碑南帖论》，转引自《历代书法论文选》，上海书画出版社，1979年。

一、初唐的审美取向

无论就政治、经济、军事和文化的哪个层面来说，大唐王朝的建立都如"海日生残夜，江春入旧年"，为中国历史开启了一个全新的伟大时代。经过了东汉末年以至魏晋南北朝将近四百年的分裂，经历了隋代的短期统一又复动乱的痛苦之后，唐初终于实现了人民所渴望的国家的统一，建立起世界上最强大的封建帝国（图1-20）。一代英主李世民充分顺应历史潮流，顺应时代发展的趋势，满足了人们的物质、精神需求。他提倡儒、释、道三教并重，使得整个社会气氛空前宽松；他广开言路，直言纳谏，政治气氛空前活跃；他实行科举，通过明经、进士等常科以及其他各种名目的制科考试，给中下层知识分子在政治上打开了一条宽广的出路，使得"朝为田舍郎，暮登天子堂"成为可能；他对生产关系进行了一系列的调整，使得

图1-20　唐朝疆域图

经济空前繁荣；他创造出的盛唐气象，吸引了一代一代的遣唐使，使唐朝外交空前繁荣。

李世民非常重视南国的文化遗存，他不仅写作南朝的宫体诗，还命令欧阳询等大臣编撰《北堂书钞》《艺文类聚》等类书，供大臣们写作宫体诗时采集典故之用。他把王羲之封为书圣（图1-21），亲自为王羲之作《传论》，称其书"尽善尽美"，对"二王"书风推崇备至。尽管文化艺术经典都是一次性的，不可复制，但笔墨当随时代，"二王"的书风必须与唐代的时代精神相融合。南国的风流，也融汇到了初唐雄浑的气象之中。

考察艺术家的审美理想，不是陷入先验论，因为它不是从天上掉下来的；也不能陷入唯心论，因为它并不是艺术家头脑中固有的。审美的对象是天地自然和社会生活，因而其美感只能来源于特定的时代精神。欧阳询也绝不例外，他也植根于初唐时期整体的审美意识和社会风尚。

整体来看，初唐的雕塑即因袭南风和隋习，以"亭亭玉立的姿态，秀骨清相的风格为美"①。诗歌的轻盈怅惘，则不同于魏晋的沉重哀歌，是源自对青春生命的吟唱而发出的"人生代代无穷已，江月年年望相似。不知江月待何人，但见长江送流水"的深长叹喟。初唐时人们的审美感受尽管也有感伤，却缺乏时代性，顶多是"少年不识愁滋味"，像台湾校园歌曲《童年》那样，坐在教室中想象着"山里面有没有住着神仙"，"依然是一语百媚，轻快甜蜜的"②。初唐的艺术家们正是在激励、快慰、感伤、哀愁之中，体味着人生和社会。这种体味不是哲学的理性，而是

图1-21　王羲之像

---

① 赵雁君：《杜甫"书贵瘦硬"论辩——兼论盛中唐书法的重大转折》，《中国书法》，1996年第6期。

② 李泽厚：《美的历程》，天津社会科学院出版社，2001年。

艺术感性，更多的是想象，因而中国的"书法和诗歌同在唐代达到了无可比拟的高峰"。①

在社会实践和艺术实践中，欧阳询充分领悟了初唐时期文化艺术的审美取向，这种取向使唐代的书法艺术不仅走向"成熟"，而且达到"高峰"。

二、领悟初唐风尚

隋朝灭亡后，欧阳询一度为东夏王朝所用，担任太常卿，为朝廷礼仪方面的最高执行长官。然而，好景不长，两年后东夏王朝即告灭亡。他随即入唐，担任五品给事中。

欧阳询在居官期间为人正直，敢于藐视权贵。他身材矮瘦，容貌丑陋，成为一些权贵无聊取笑的对象，但他总是不卑不亢，针锋相对。《太平广记》卷二四八引《国朝杂记》记载：

> 唐太宗宴近臣，戏以嘲谑。赵公长孙无忌嘲欧阳询曰："耸膊成山字，埋肩不出头。谁家麟阁上，画此一猕猴。"询应曰："索头连背暖，绾裆畏肚寒。只因心溷溷，所以面团团。"帝敛容曰："欧阳询，汝岂不畏皇后闻耶？"赵公，皇后兄也。②

又《旧唐书》卷八二《许敬宗传》记载：

> （贞观）十年，文德皇后崩，百官缘绖，率更令欧阳询状貌丑异，众或指之，敬宗见而大笑，为御史所劾，左授洪州都督府司马。③

总体上看，欧阳询性格开朗，富于幽默感，与王公大臣相处十分融洽。贞观五年（631）九月九日，唐太宗赐

---

① 李泽厚：《略谈书法》，转引自《李泽厚十年集》，安徽文艺出版社，1994年。

② 〔北宋〕李昉：《太平广记》，上海古籍出版社，1990年。

③ 〔后晋〕刘昫，张昭远：《旧唐书》，中华书局，1975年。

百官大射于武德殿，宋公萧瑀不会射箭，箭箭都射不中箭靶，欧阳询作《嘲萧瑀射》，开玩笑说："急风吹缓箭，弱手驭强弓。欲高翻复下，应西还更东。十回俱著地，两手并擎空。借问谁为此，乃应是宋公。"① 二人为同僚，又一起编撰过《陈史》，关系相当不错，故玩笑开得很有分寸，也很有文采。

当然，欧阳询毕竟不是政治家，没有魏徵那样直言敢谏的经历和突出的政绩。作为一介文士，他也不是学者和诗人，没有孔颖达那样深厚的经学素养，没有李白、杜甫那样超拔的诗才。他的贡献主要是在书法上，他被人认可的也是他的书法，就连时人的传说，也更多地集中在书法上。《太平广记》记载着他"驻马观碑"的逸事：

> 率更尝从行，见古碑索靖所书，驻马观之，良久而去。数步，复下马伫立。疲则布毯坐观，因宿其傍，三日而后去。

《宣和书谱》中亦有记载：

> 询尝行见索靖书碑，初睨之而去，后复来观，乃悟其妙，于是卧于其下者三日。

这是一个书法家对艺术的敏锐感知。从小生活于南国、沐浴于"二王"流风遗韵之中的欧阳询，对矗立于旷野之中的碑书兴趣很大，以至于"驻马观之"不足而"布毯坐观"，且"悟其妙"，深深地体味其笔画、意态的精妙，确实可贵。原因既源于他此时身居于北国，已经沉浸于北国独特的文化氛围之中，也源于他对南北朝以来艺术走向的敏锐把握。正是对碑书的这种痴迷，使得他本来植根于南帖的书法，在晚年"笔力益刚劲"，俨然如魏徵之"执法而廷争之风"。

唐高祖武德年间（618—626），欧阳询在长安主要是以文史著述和书法创作为时所重。他曾历时三年，带领令

---

① 〔清〕彭定求：《全唐诗》，上海古籍出版社，1986年。

狐德棻、赵弘智等文史大家，编撰出文献巨著《艺文类聚》。全书"事例居前，诗文附后"，凡一百卷，分四十六部，列子目七百二十七，成为虞世南等所编《北堂书钞》之后，类书中又一部皇皇巨著，也证明了欧阳询深厚扎实的文献学功底。他还奉诏参修了《陈史》，既是对曾经亲历的陈朝历史的回顾和总结，也是对南国文化诸多层面的进一步体味。

据《旧唐书》记载，欧阳询又奉高祖之诏，制"开元通宝"钱词及书。此时，欧阳询的书作已经铸刻在钱币之上，说明其书法中已经融入从索靖等所书北碑之中的骨力，也展示出他在当时书界的地位。因而，当时王公大臣的碑志，大都出于欧阳询之手。他曾撰写并隶书《唐司空窦抗墓志》《唐楚哀王李稚诠碑》，撰序并隶书《大唐宗圣观记》等碑。他之所以以隶书入碑，是取其庄重为用，其"笔力险劲，为一时之绝，人得其尺牍文字，咸以为楷范焉"。

唐太宗贞观元年（627），欧阳询曾一度赋闲在家。原因是李世民发动"玄武门政变"，杀死太子李建成，登基为帝，是为唐太宗。原太子集团中人皆被罢官，欧阳询曾是太子集团中人，自然在所难免。但唐太宗毕竟不是心胸狭窄的平庸之主，他通达贤明，提倡文教，用人亦不拘一格，欧阳询不久即得以再度入朝，被诏为弘文馆学士，兼太子中允。据《唐会要》卷六四记载："见在京官文武职事五品以上子，有性爱学书，及有书性者，听于馆内学书，其书法内出。其年有二十四人入馆，敕虞世南、欧阳询教示楷法。"[①] 此时，欧阳询开始在弘文馆既"教"且演示"楷法"，说明其重法尚意的楷书之法已经归结成型。

贞观二年（628），国子监恢复书学，设置书学博士教授书法，欧阳询被征为专职的书学博士，以其楷法教示生

---

① 〔宋〕王溥：《唐会要》，上海古籍出版社，1991年。

员。其后几年，欧阳询官至太子率更令，后封爵渤海县男，又官至三品银青光禄大夫。贞观十五年（641），欧阳询卒于率更令任上，享年八十五岁。

三、归结楷法

入唐后，欧阳询在书法上的最大贡献，就是开始归结楷法，并取得巨大成就，成为时人学书的典范。

一部艺术史证明，艺术家的美学追求，不是空穴来风，也不是一时头脑发热，而是既受其地域文化、家族文化和师道文化的熏陶，更深受特定的时代精神和审美趋向的影响。欧阳询在朝代的更替中，自觉地追求并形成自己的审美趣尚。他将南北两派书风完美地结合在一起。以尺牍为主的南派书风，尤其是那些属文的草稿和随手书就的手札，再现的是魏晋的洒脱风度，落笔时完全遵从创作主体的精神意识，基本排除了社会性的功利主义目的，所以对书写没有太多的约束，完全是自由地抒写自我灵性，其总体风格无论是用笔、结体和章法，都妍美清绮，自然生动；但隶属于北派书风的铭诔碑榜，其文辞要求"尚实"，被看作是"经国之大业，不朽之盛事"①，有着明确的社会性功利主义的目的，就是为了纪功勒石，要求书体端庄大度，书风严谨质朴，书写时必须将自我灵性规范在严谨的法度之内。所以为书者才将其视作"雕虫小技，壮者不为"，感叹沉醉于笔墨之间，是"古人所耻，吾岂忘情耶"②。

欧阳询早期所书的《房彦谦碑》，便与汉代和北朝的隶书体相似。此后产生的隋书端正妍美，隋碑"风神疏

---

① 〔魏〕曹丕：《典论·论文》，转引自《中国历代文论选》，中华书局，1962年。

② 〔唐〕徐浩：《论书》，转引自《历代书法论文选》，上海书画出版社，1979年。

朗，体格峻整"①，书风质朴峭厉，孕育出欧书的胎息，成为欧书中"法"的先声。可以说，欧阳询书作中坚守的"法"，并非空穴来风，而确实是源自隋代的碑刻。

欧阳询晚年步入唐初，大唐帝国不仅文治武功盖世，而且展示出雄深雅健的美学气质。初唐统治集团尽管崛起于北地，却并未一味垂意于中原古法，着眼于北碑风骨。或许由于文化艺术极品不管出于何世、何地，都只能是唯一，不可能再造，所以唐太宗才将王羲之奉为"书圣"，初唐的皇权才对南国的文化艺术那么顶礼膜拜，钟情于南国的风流婀娜。诗坛上的"上官体"和"文章四友"，也播扬着齐梁的遗风。本来，隋代的书风已经扬弃了六朝的绮靡，已趋峭厉，呈现出崭新的艺术面目，但李世民却"独善王羲之书，虞世南最为亲近，始令王氏一家兼掩南北矣"②。李泽厚先生在分析初唐艺术的整体风格时，也"把传世《兰亭》作为初唐美学风貌的造型代表"，"把刘（希夷）张（若虚）作为初唐诗的代表"③。欧阳询既大力沿袭北风，又融合了江左清绮，使得风流神韵成为当时的风范，而日趋清丽的拟王书风随之黯然失色。

欧阳询以南取韵、以北为骨，怀着开创者的高蹈气度，创造着书坛新风。他黯淡了南帖中的绮靡之风，激扬出儒雅之气。其书作在清秀劲厉的形式美基础上，自觉地吸收北碑的爽达充盈，融入典雅的神韵，确立了新的美学标准。他融合了南北书家的独到见解，考察了书艺的发展走向，形成了重法尚意的美学理念，展现着自我的生命意识。这一切，都集中展现在对楷法的归结上。归结楷法，是初唐时期政治文化制度建立的需要，也是书法艺术发展

---

① 〔清〕康有为：《广艺舟双楫》，转引自《历代书法论文选》，上海书画出版社，1979 年。

② 〔清〕阮元：《南北书派论》，转引自《历代书法论文选》，上海书画出版社，1979 年。

③ 李泽厚：《美的历程》，天津社会科学院出版社，2001 年。

的需要；而这一历史使命由欧阳询来承担，也就确立了他在当时书坛的领军地位。

首先，唐王朝吸取隋代王朝短期灭亡的教训，认识到文化交流在纷乱之后，必须由繁芜庞杂到逐渐理性地统一有序，于是便对科举制度兴利除弊，明确规定"以书取仕"，设立弘文馆教示楷法。弘文、崇文两馆的生员，尽管考试可不拘于常例，但却明文规定"楷书字体，皆得正详"，使得楷书成为科举士子必须具备的基本技能之一。对"贡举""铨选"而言，书法也被列为重要科目，作为任用的先决条件，如"贡举"中的一项为"明书"，即是考查贡士对文字学和杂体书法的掌握程度。"铨选"中"四才"之一的"书"，明确要求楷法遒美。尤其对分抄文书的令史、书令史，要求十分严格，既要通晓文字，掌握一定的书写技能，又要求书写工整、快捷。这实际上就是借书学之事，拉近了朝廷与文武重臣之间的关系，也为他们的子孙"以书入仕"铺平了道路，消除了他们的后顾之忧。

同时，归结楷法也是书法艺术本身发展的需要。艺术尽管崇尚个性，但有法度的个性才是高层次的，无规矩则难以成方圆，因而艺术必须有法。但是，从书体的演进流程来看，自钟繇到"二王"，楷法虽已基本具备，但隶意还很浓郁。晋室南迁之后，地域的阻隔使得书体分流，南国多盛行行草，北地则多立铭石。日常应用的书信手札，多用行草，求其便利；铭石碑刻，多用隶书，求其端整肃穆；写经尽管多用楷书，但字体较小，点画、结字多有隶、行之法。这一切，都说明楷法并未完全确立。

唐代开国，由动乱变为统一，由无序转为有序，进入讲究文明的时代。唐人懂得越是文明，越要讲规矩，否则便是野气。诗歌中的格律建立起来了，书法的法度也要建立。于是，魏徵所提出的"以丧乱之后，典章纷杂，奏引学者校定四部书"的要求，正是体现了这个文明时代对文化艺术形式的合理要求。朝廷当即设置校书郎二十人，楷书手一百人，专门从事校对和缮写四部书。楷书既被广泛应用，这就要求楷书必须从点画到结体，形成一套独立于其他书体的理论体系与技法。这既满足了国家统一之后文化交流的需要，也适应了楷书经过近三百年的演进，渐趋成熟定型的趋势。

唐太宗诏欧阳询、虞世南等人"教示楷法"，是因为欧、虞的楷书书风，符合唐太宗对书法的审美趣尚。唐太宗喜欢王羲之的书法几乎到了狂热的程度。而虞世南本身就是王氏的嫡传，是王羲之忠实的追求者。欧阳询"书法内出"，其所"内出"的法书，在"唯王是尚"的唐太宗倡导下，应该是"二王"的真迹和拓本。加之他后来奉旨勾摹、临写《兰亭序》，于"二王"法书体悟尤深。他晚年的书风于险峻之中遒润有加，无论用笔、结字取势和章法，都是对王羲之书法核心思想的创造性应用。

欧阳询所书楷书碑刻主要集中于此时，今所存者唯《九成宫醴泉铭》《房彦谦碑》两种，《化度寺碑》则有初拓本传世。行书有《梦奠帖》《卜商帖》《张翰帖》三帖墨迹传世，《史事帖》有刻本传世，传为欧书墨迹《行书千字文》，欧摹《兰亭序》；小楷有《温彦博碑》《皇甫诞碑》，另传有《阴符经帖》翻刻本传世。其中奉诏以楷书入碑的《九成宫醴泉铭》，以刚劲而内秀、险峻而停匀的笔法与结构名于世，既是当时文士传习的楷书范本，举子入仕的敲门砖，也是书法史上屹立的一座巍巍丰碑，从而确立了欧阳询作为一代楷书大家的正统地位。就笔法而言，欧书妙传古法，"缓缠徐收，梯不虚发"，"撇捺窈绍，务在经实"，于刚劲沉雄之中求妍妙，将北碑的质朴与南朝的婉妍巧妙地结合起来。在结字取势上，欧书摆脱了一味追求妍美的甜媚气息，将"险"与"稳"完美地融合于一体，"险而能安，威而不猛"，具有"外刚内润"的含蓄与儒雅，形成了字势险峻、"猛锐长驱"的独特风格。在章法上，欧书的大小、欹正、收放相互映带，虽为楷法，但气宇融合，笔势连贯，浓淡大小，错落有致，映现出书者扎实、浑厚的书法功底和非凡的领悟、创造能力。在书法创作实践的基础上，欧阳询撰写了一系列书学论文，对书学理论尤其是楷书的艺术规律，进行了深入的探索和总结。《八诀》和《传授诀》总结了用笔、结字总的规律和书写时应有的状态。《结字三十六法》继隋朝智果的《心成颂》之后，详尽地论述了楷书结字取势的一般规律。

《用笔论》尖锐批判了"善书大夫"所鼓吹的"字字惊心，行行眩目"的流俗书风，指出用笔结字不要刻意去求新、求妍，其浓淡枯湿要"遂其形势，随其变巧"，笔法要"经实"而合古法。在章法上要"错落而灿烂，复逶连而扫撩"，既要"方圆上下相副"，又要气脉连贯，痛痒相关，使得"络绎盘桓而围绕"；整幅作品中字与字之间彼此要相呼应、相关联，造成"观寥廓兮似察，始登岸而逾好"的审美效果。

欧阳询为弘扬楷法身体力行，他的这些深刻、独到的理论探索，真正起到了"教示楷法"的作用，开启了唐代"尚法"的大门，在当时产生了广泛的影响。

这一点从与欧阳询一同"教示楷法"的虞世南的态度上，就可看出。他对欧阳询的书法赞赏有加，尤其佩服其作书的功力和情态。《隋唐嘉话》记载道：

> 褚遂良问虞监曰："某书何如永师？"曰："闻彼一字，直钱五万。官岂得若此？"曰："何如欧阳询？"曰："闻询不择纸笔，皆能如志，官岂得若此？"褚恚曰："既然，某何更留意于此？"虞曰："若使手和笔调，遇合作者，亦深可贵尚。"褚喜而退。[1]

虞世南既肯定欧阳询"不择纸笔，皆能如志"的娴熟

---

① 〔唐〕刘𫗧：《隋唐嘉话》，中华书局，1979年。

技法，更欣赏他"手和笔调"熟能生巧的创作情态。

总之，欧阳询的书学道路，在陈朝时启蒙于江总，得"二王"之风流；在隋朝时借鉴于北朝碑刻，兼容南北；入唐后"教示楷法"，故而八体皆能，以楷书独尊，被后世誉为"欧体"。

四、重法尚意书风的形成

任何艺术形式都是意与法的结合，意与法，有似于内容与形式。所谓的意，即作者所抒发的思想感情和作品所要表达的主题思想；法，即作品表现形式中所遵守的艺术法则。意从来不会脱离法，法也从来都是为意而存在的。书法作为凝练和表现书者思想情趣的艺术形式之一，笔墨线条本身就是"有意蕴的、抒情的"[①]。这就是说，书法艺术的"意"依附于"法"却又高于"法"。因而在中国传统的书法美学理念中，"法"与"意"就成为两个互生的概念。表面上看，似乎"法"是表现的准则，"意"是表现的目的；实则两者是紧密相连的，即法中有意，意中也有法。欧阳询在《结字三十六法》中，主张汉字结体要使"字之左右，或多或少，须彼此相让，方为尽善"；再对不同结构的字提出具体的要求："凡字之有偏旁者，皆欲相顾，两文成字者为多"；"字之点画稀少者，欲其彼此映带"，"必当思所以位置排布，令相映带得宜"。要求结体的"停匀""映带""得宜""相称"，在看似不正甚至险峻之中求得整体的平稳和谐。

欧阳询亦强调艺术风格的"意"和"法"，都必须包含中和之美，在法度严谨的结体中，融入灵秀清逸的意蕴，既保存了隋碑的质朴浑厚，又吸收了魏晋六朝帖书的优美飘逸。

在技法上，欧阳询讲究用墨浓淡相宜；结构须"相

---

① 钟明善：《中国书法史》，河北美术出版社，2001 年。

称""映带""朝揖""救应"，追求均衡之美。这种美学思想，当时就被书家所广泛接受，体现在唐代各种书体的创作中。

五、欧楷的强化

欧阳询的书论主张、欧楷的审美价值，在盛唐之后书风的演变中被不断强化。

盛唐时期，继西汉中期激扬起大汉雄风之后，唐帝国经过初期的励精图治，进入中国历史上第二个政治、经济、军事和文化的极盛期，催生出盛唐气象。此时，艺术家被时代激发出来的澎湃激情，冲破了传统形式的局限充溢而出，张旭的狂草（图1-22、图1-23）与李白的歌行、裴旻的剑舞，如李广用兵，才气横溢，将欧阳询所尚的"意"推向最高峰，共同张扬着盛唐气象。然而，时移世易，安史之乱前后被冲破、继而要重建秩序的社会现实，又呼唤着欧阳询所看重的"法"。于是，颜真卿的楷书与杜甫的律绝、韩愈的散文，又如孙武布阵，表现出深厚的功力之美，也共同传达着时代精神。这时的艺术之风，突破了唐初朝野独尊南朝之"意"的成规，要求以严格的形式，表现经世致用的"法"的内容。故而唐画光华妍美、

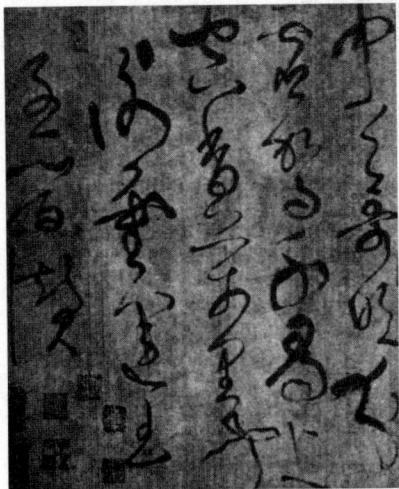

图1-22 张旭《古诗四帖》局部之一　　图1-23 张旭《古诗四帖》局部之二

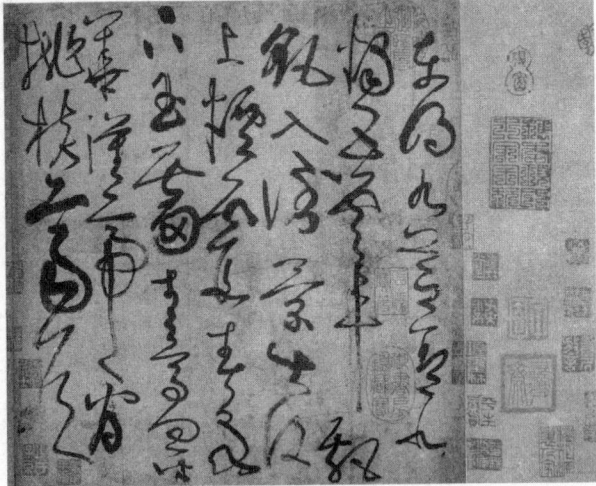

唐塑丰腴端庄、唐诗博大雄浑，唐书也形成了尚肥的书风，共同构成唐代艺术的美学精神。就书法而言，这种书风既是时代精神的呼唤，也是上之所好。由于唐玄宗专擅隶书，其所书《纪泰山铭》《孝经》（图1-24）等书风丰厚巨丽，书家趋时俗之所尚，尚肥书风遂风靡书坛，故苏东坡深深地感叹盛唐时期"古今之变天下之能事毕矣"①。

颜真卿将欧阳询所确立的书之"法"的审美标准，推向一个新的阶段。"逮颜鲁公出，纳古法于新意之中，生新法于古意之外，陶铸万象，隐括众长……于是始卓然成为唐代之书。"② 颜真卿遵循、拓展了欧阳询对"法"的规范，将"意"提升到更高的境界，将跌宕起伏的情感，融会在圆劲腴美的形式之中，将苍涩勃发的气息，贯通于节奏沉郁的书风之中，使得欧阳询所追求的"法"与"意"，在颜真卿的楷书中得到了完美的契合。然而，杜甫却以为颜书之肥俗，不若欧书之瘦硬，传达出的是书法审美观念由瘦硬向丰肥的重大转折。这表明颜书的丰肥，正是其艺术创新之所在。盛唐之风的赫然光华，毕竟不同于初唐的晨光初现。同时，颜书的丰肥，又是以欧书的瘦硬为骨的。欧书的风骨之气对颜真卿楷书的孕育，是唐楷成为典范的第一步。

颜真卿时代，是从盛唐到中唐的过渡。柳公权时代，才是真正到了中唐。当时，长达七八年的安史之乱虽然结束了，但藩镇割据、宦官专政等新的社会问题也产生了。

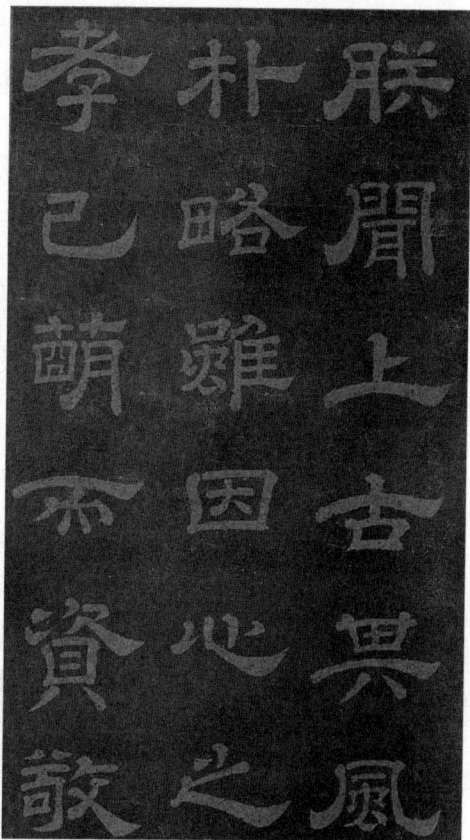

图1-24　唐玄宗李隆基《孝经》局部

---

① 〔北宋〕苏轼：《东坡题跋》，上海远东出版社，1997年。
② 马宗霍：《书林藻鉴》，文物出版社，1984年。

为了解决这些复杂的社会问题，二王八司马进行永贞革新，但很快又失败了。唐文宗时又发生了"甘露事变"，此后，以牛僧孺为领袖的牛党和以李德裕为领袖的李党党争继起。随着统治阶级内部矛盾的渐趋尖锐，时代更需要艺术承担起经世致用的任务。于是，韩愈"文起八代之衰，道济天下之溺"，与柳宗元共同发起古文运动，主张"文以载道""文以明道"。白居易、元稹发起新乐府运动，主张"文章合为时而著，歌诗合为事而作"。创作目的过于明确，导致艺术审美价值的削弱。如"乐天新乐府近乎骂"①，白居易的《新乐府》《秦中吟》等讽喻诗尽管战斗性很强，但艺术表现太尽太露，语虽激切而缺少血肉，有时流于苍白的说教。这种风气也影响到书法，这就是柳公权的楷书。

图1-25 柳公权《玄秘塔碑》局部

柳体楷书更多地接受了欧楷的峻挺强健、骨力洞达，最终确立了唐楷形式上的法度。但是，柳公权关注更多的是欧所确立、颜所强化的楷书之"法"，因而柳体楷书的骨力更为外露，却缺少对"意"的追求（图1-25）。但这并不是书家个人的爱好使然，而是中唐以后在重建封建社会的统治秩序，重新确立儒家思想的统治地位的呼声中，各种艺术形式都空前强调作品的思想倾向，而对其审美价值则有所忽略以至排斥。就如白居易主张的是"为君为臣为物为事而作"，"不为诗而作"，最关注的是杜甫的"为时而著，为事而作"，却忽略了杜诗的潜气内转和波澜老成。柳楷尚实，尚俗，将楷书艺术加以严格的程式化，将"意"局限于"法"之内，较之

---

① 〔金〕王若虚：《滹南诗话》，人民文学出版社，1962年。

颜真卿为"法"注入新"意"，已稍逊一筹，难怪苏轼发出"书至于颜鲁公"的感叹了。

　　总之，欧阳询既将"法"作为规范，又诠释"意"的美妙，在精妙的形式之中，渗透着灵性的意蕴，展示着书家的才情与生命意识。这种意蕴恣意于严谨的美学追求，在整个书法史上是空前启后的。它深深地启示着、滋润着中晚唐以至宋代以后的书家，他们在法与意中或"过"或"不及"的努力，也都从正面或反面证明了欧阳询艺术见解的难能可贵。

第二章　欧阳询书论之
美学思想

　　欧阳询在书法艺术的创作论、技法论及风格论诸方面，都借鉴前人的理论成果并结合自己的创作实践，做了深入的理论阐释，既建构起自己书、论兼通的书史形象，也显示出以欧阳询为代表的初唐书坛骨韵兼容、质妍互重的书法美学风格，是解析其书史形象建构最具价值的理论尺牍。

　　古今中外的艺术史表明，凡艺术之道皆意、法兼具，因为无意不是艺，无法则难以成艺。书法之道也是这样，只是时移世易，书中之意随着世情、时序的变化而不断发生变化而已；书法之法无论是用笔、结字还是章法，也是历代书家在创作实践中经过不断尝试、优选而渐趋定型，又不断变革创新，从而促成书体的流变和书艺的发展。清代梁巘的《评书帖》在与"晋尚韵""宋尚意""元明尚姿"的相较中，断言"唐尚法"。但是，书风极盛的唐代，涌现出大量韵趣各异、风格突出的书家和书作，又岂是一个"法"字能将其崇尚的美学意趣所囊括得尽的！正如钟明善教授在《中国书法文化根性的超越》一文中所阐述的："'唐尚法'不是简单的尚法，而是追求自己之法，追求法外之意，追求个性化，才是唐代书家的群体风格。"①只不过是意移法易，各有侧重、各具情态罢了。

　　"唐人用法谨严，晋人用法潇洒，然未有无法者，意

---

　　① 钟明善：《中国书法文化根性的超越》，《书法报》，2003 年第 3 期。

即是法。"① 欧阳询的书作曾被前人作为"唐尚法"的典范。明代郁逢庆在其《书画题跋记·唐欧阳询梦奠帖》中即谓："询书骨气劲峭，法度森严，论者谓虞得晋风之飘逸，欧得晋之规矩。"同处于初唐崇尚"二王"的书风氛围中，与虞世南书法多取南朝之温婉秀丽的书风相较，欧阳询的书法则更多地继承了北朝书风之朴茂严谨，其书论更从书法美学的高度对其创作实践做了深入的阐述和总结，其书法尺牍所传，人皆以为法。但是，如果仅止于此，欧书也只能是书匠之作，何来劲峭之"骨气"，何以被推尊为唐人楷书第一？对于欧阳询书作、书论中的"意"的诠释，是当前书法美学研究上的一个缺失。探讨欧阳询书论中的"重法尚意"观，对于当代书法美学的研究，将大有裨益焉。

图 2-1　欧阳询《九成宫醴泉铭》局部之一

（书法赏析）

第一节　重法尚意的审美渊源

欧阳询重法尚意的书法美学观，是在借鉴前代书法创作实践和书论研究的基础上，植根于初唐之际独特的文化背景和审美趣尚之中。

一、初唐书风的转型

初唐书坛崇尚意，也开始重视法，只不过最初尚未随

---

① 〔清〕冯班：《钝吟书要》，转引自《历代书法论文选》，上海书画出版社，1979年。

图 2-2 欧阳询《九成宫醴泉铭》局部之二
（书法赏析）

着历史新纪元的开启，而为其注入新时代的内涵和意蕴。本来，初唐统治集团崛起于北方，得天下于马上，看惯了北国的大漠风尘和兵燹血刃，却因文化艺术经典的不可再造性和艺术审美的差异性，一度忽视了南北朝后期至隋代已经出现的南北文化艺术兼容的趋向，而独钟情于六朝的文采风流。当时诗坛上盛极一时的"上官体"，吟风弄月的"文章四友"，播扬着绮靡的齐梁遗风。由于唐太宗尊王，书坛上也沿袭着"二王"的流风遗韵。整个初唐文学艺术领域，对前代艺术的全面继承大于创新，使得自六朝后期至隋代书坛日趋健康发展的重法尚意的艺术趋向，曾一度被逆转。但是，"文变染乎世情，兴废系乎时序"①。随着社会环境和文化背景的变化，作为意识形态的文化艺术绝不能胶柱鼓瑟，而必须反映新时代的"世情"和"时序"，这才是它的生命力之所在。因此，唐初文化艺术这种画地为牢的不正常状况，为有识之士所不满。君不见，当初唐诗人对从庾信开始的南北诗风融合的趋势熟视无睹时，陈子昂就指出时人所崇仰的齐梁间诗"彩丽竞繁，而兴寄都绝"的局限，主张诗作应"骨气端翔，音情顿挫，光英朗练，有金石气"，②并将其主张体现在自己《感遇诗》三十八首的创作中，从而开一代之新风。欧阳询正是书坛上的陈子昂，他虽然没有在幽州台上振臂一呼，却立足于时代，贯通了古今，准确地把握住初唐书法艺术发展应该坚持的正确

---

① 〔南朝梁〕刘勰：《文心雕龙》，新文化书社，1934 年。

② 陈子昂、王水照：《与东方左史虬修竹篇序》，转引自《唐宋古文选》，凤凰出版社，2012 年。

方向。

英国美学家阿诺·里德曾说：

> 艺术家进行创作的原因，这包括了
> 他过去所有的生活状况，他在创作时的
> 身心状况、意识和气质，包括所有能引
> 起灵感现象的一切情况。这些情况严格
> 来说可以包括艺术家所描写的那件事情
> 为止以前全部宇宙的历史。①

就欧阳询而言，这"全部宇宙的历史"
中，当然包括中国书法艺术自先秦至魏晋南
北朝时期书体的流变、书艺的演进和书论的
探讨，其《用笔论》中就提到："自书契之
兴，篆隶滋起，百家千体，纷杂不同。至于
尽妙穷神，作范垂代，腾芳飞誉，冠绝古
今，惟右军王逸少一人而已。然去之数百年
之内，无人拟者，盖与天挺之性，功力尚
少，用笔运神，未通其趣，可不然欤？"②
但他首先关注的是隋唐之际书坛已呈现出来

图 2-3　欧阳询《九成宫醴泉铭》局部
之三（书法赏析）

的兼容南北、尚意重法的正确方向。康有为在《广艺舟双
楫·取隋》中即说过，隋碑既"内承周、齐俊整之绪，外
收梁、陈绵丽之风，故简要清通"，又"荟萃六朝之美"，
因而"风神疏朗，体格俊整，大开唐风"。叶昌炽《语
石》也说：

> 隋碑上承六朝，下启三唐。由小篆、八分趋
> 于隶楷，至是而巧力兼至，神明变化而不离规
> 矩。盖承险怪之后，渐入坦夷，而在齐整中仍饶
> 浑古，古法未亡，精华已泄。唐欧、虞、褚、

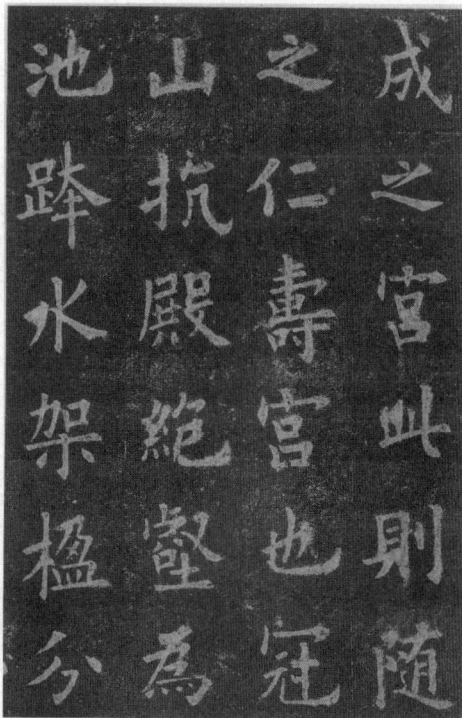

---

① 中国社会科学院哲学研究所美学研究室：《美学译文》，中国社会科学出版社，
1980 年。

② 〔唐〕欧阳询：《用笔论》，转引自《历代书法论文选》，上海书画出版社，
1979 年。

薛、徐、李、颜、柳诸家精诣无不有之，此诚古
今书学之一大关键也。尤可异者，前人谓北书方
严遒劲，南书疏放妍妙，囿于风气，未可强合。
至隋则浑一区宇，天下同文，并无南北之限。①

图 2-4　欧阳询《九成宫醴泉铭》局部之四
（书法赏析）

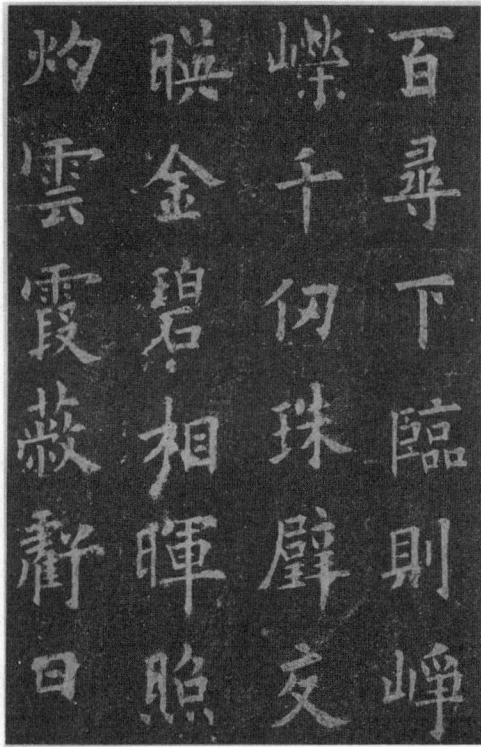

图 2-5　欧阳询《九成宫醴泉铭》局部之
五（书法赏析）

随着唐帝国的空前统一，书法艺术的发展也应该进一
步兼容南北，将"刚健质朴的北朝书风与华丽秀润的南朝
笔意互相融合"②，使得书作兼具魏碑的质朴峭劲和"二
王"的优雅婀娜；使得晋人所尚之韵在新的历史时期表现
得愈加劲健遒逸，在风骨气势、力度神采上展现唐代雄健
丰腴的新书风；使得晋人所尝试的书法之法更加完备；使
得魏晋时代已经产生的楷书在艺术上更加成熟。

① 〔清〕叶昌炽：《语石》，辽宁教育出版社，1998 年。
② ［日］木神莫山：《中日书法史》，创元社，1985 年。

图 2-6　欧阳询《九成宫醴泉铭》
局部之六（书法赏析）

图 2-7　欧阳询《九成宫醴泉铭》
局部之七（书法赏析）

这正是历史赋予初唐书家的伟大使命！

二、欧阳询的使命

历经三朝的欧阳询，自觉地承担起这个历史使命。

首先，欧阳询在创作实践中，对此做了有意识的理性探索。他的书作尤其是楷书于刻厉中寓圆润，"有龙蛇战斗之象，云雾轻浓之势，风旋电激，掀举若神"①，可谓外得法骨，内兼神韵，骨气劲峭，法度森严，成为初唐书家中自觉追求秀骨清韵审美标准的典范。同时，欧阳询根据自己在创作时的身心状况、气质和意识，清醒地洞察了隋唐之际书法发展的走向，在理论上对新书风的美学特征做了深入的探讨。

---

① 〔唐〕张怀瓘：《书断》，转引自《历代书法论文选》，上海书画出版社，1979 年。

图2-8　欧阳询《九成宫醴泉铭》
局部之八（书法赏析）

图2-9　欧阳询《九成宫醴泉铭》
局部之九（书法赏析）

　　欧阳询从二十四岁到六十二岁，是其在书法创作中确立自我风格的阶段，这个阶段是在隋代度过的。因此，其书法美学思想与从南北朝后期到隋代这一历史时期产生的南北兼容的审美时尚，有着必然的联系。隋代书法的审美风范，成为欧阳询书法审美观念的滋生点。降及隋唐之际，欧阳询、褚遂良成为北派的代表，智永、虞世南则领袖南派；而隋书植根于北派，南派则不显于隋。隋书的淬砺朴素，已开启初唐质朴劲峭书风之端倪，这也正是诞生欧阳询精劲书风的审美渊源。南派书风至贞观始大显，虞世南之书圆润和雅，褚遂良之书则守法而风流。新的历史时代在寻找蕴理想于平正典实之形式中的书法精神，以兼容南派之风流与北派之法度，并注入新的美学内涵。欧阳询自觉地对此进行理性的探求，在《传授诀》《用笔论》《八诀》《结字三十六法》等书法专论中，分别从书家的创作心态、书写笔法、结体及风格等方面，对书法美学做了独到的阐释。在他的书论中，形式本身即书法之"法"，被规范为书法最完善的载体，得到了最庄严的表达。这不同于晋人简远玄妙的抽象，而是精金美玉般的雕琢。既充满唐代趣味的巧智与思量，展示出初唐书家的才性及生命意识，又张扬书法之"意"；亦不同于晋人疏放风流的放旷，而预示着盛唐博大雄浑的艺术时代的到来。

　　欧阳询兼容南北的重法尚意观，具体表现在他的书法创作论和审美风格论中。

第二节　创作与技法

　　欧阳询在他的书法专论中，借鉴了前代书法

理论家的相关论述，并结合自己在书法创作实践中对书法艺术规律的领悟与把握，从创作心态论和技法论等诸多理论层面，对书法创作论做了深入独到的论述。

一、创作心态

欧阳询的书法创作论是从揭示书家的创作心态切入的。

古今艺术史证明，作为精神活动的艺术创作，是创作主体对天地自然、人类社会从感知（观察、体验）到认知（研究、分析）再到表现的过程，也就是从眼中、耳中作用于心中，再表现于口边或笔下。在这个过程中，创作心态起着至关重要的作用。所以，《礼记·乐记》就揭示出："凡音之起，由人心生也；人心之动，物使之然也。"音乐的创作即是从"物"到"心"再到"音"。《毛诗大序》对诗歌的创作过程也做了全面的阐释："在心为志，发言为诗。情动于中，而行于言。言之不足，故嗟叹之；嗟叹之不足，故咏歌之；咏歌之不足，不知手之舞之，足之蹈之也。"[1] 说的即是从心（志、情）之动到发于言（诗），再到咏歌（音乐）之、舞蹈之。所以上古时代"三人操牛尾，投足以歌八阕"[2]，也是诗、乐、舞三种艺术形式的紧密融合。

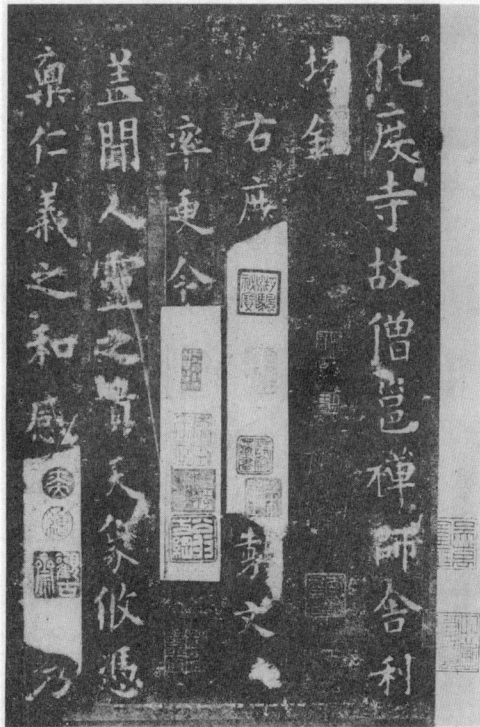

图 2-10 欧阳询《化度寺碑》局部之一（书法赏析）

同是创作主体，将观察万物作用于心之所得加以表现，较之音乐、诗歌创作借助于旋律、语言节奏创造可感、可见的艺术形象，书法创作则是将观察天地自然万象

---

[1] 郭绍虞：《毛诗大序》，转引自《中国历代文论选》，中华书局，1962 年。
[2] 张双棣译注：《吕氏春秋》，中华书局，2007 年。

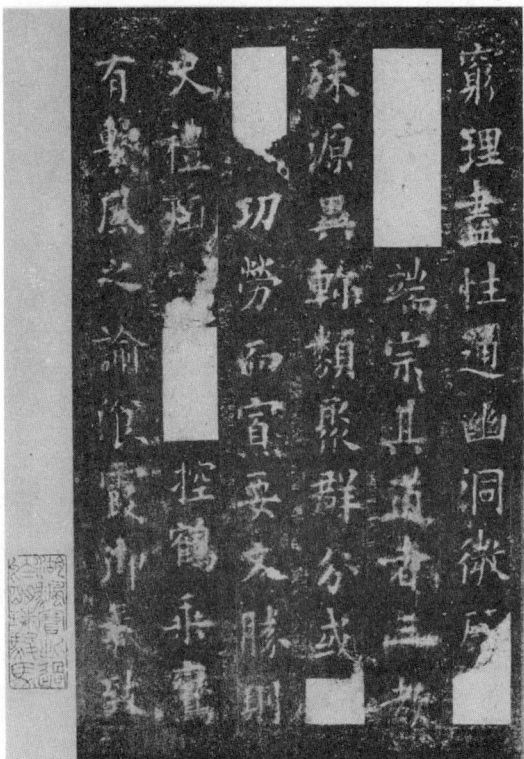

图 2-11 欧阳询《化度寺碑》
　　　　局部之二（书法赏析）

图 2-12 欧阳询《化度寺碑》
　　　　局部之三（书法赏析）

对其气势、神韵的感悟，借助于笔墨线条的运动以创造意象，因而具有不同的特点。也就是说，在从自然万象到艺术形象再到艺术规律之间，舍弃了艺术形象这个中介环节，直接借助于笔墨线条的特殊运动以传达自己对自然万象中所蕴含的艺术规律的体悟。但是，书法创作对创作主体的心态即创作情绪的要求，与其他艺术门类却是一致的。它是书家进行书法创作的心理准备。玛克斯·德索在《美学与艺术理论》中认为，创作情绪获得了外在的形式，也就是艺术的构成。因此，创作心态是艺术构成在创作主体精神层面最基本的因素。在书法创作的酝酿构思阶段，书家应具备何种心态？王羲之强调"意在笔先"，重在从现实生活中所催生的心中之意以驱遣手中之笔；而怀素却追求"志在新奇无定则"，否定创作之前的既定之意，重在创作中书家潜意识的冲动。蔡邕主张"欲书先散怀抱"

的无意，反对"迫于事"的有意；韩愈却对高闲上人作书时"泊然无所起"，即无所感怀不无微词。这皆是执其一端而绝非全面。实际上，书家的创作心态是多层面的。因为"中国书法以点线为性情的特质正是人性的体现，因为点线本身的意蕴正是书家灵魂的表象"，"书法曲折地反映着人生，折射出人生"①。人生的多种形态决定了书家创作的多种心态。然而，无论哪种心态，都不能排除心中之意，因为"袖手于前，始能疾书于后"②。王羲之"先散怀抱"，心态平和而挥洒出《兰亭序》；颜真卿"迫于事"，心态激愤而喷涌出《祭侄稿》；苏东坡忧谗畏讥而抒写出《黄州寒食诗帖》，若舍弃了这些特定的创作背景，则无天下三大行书。关键是要求书家全身心地投入到创作之中，为情而书，不为书而书。

欧阳询全面考察了前贤关于创作心态的论述，阐释了书家创作的多种心态。《传授诀》即谓：

> 每秉笔必在圆正，气力纵横重轻，凝神静虑。当审字势，四面停匀，八边具备，短长合度，粗细折中，心眼准程，疏密欹正。最不可忙，忙则失势；次不可缓，缓则骨痴；又不可瘦，瘦当形枯；复不可肥，肥则质浊。细详缓临，自然备体。此是最要妙处。

《八诀》亦谓：

图2-13　欧阳询《化度寺碑》局部之四（书法赏析）

---

① 钟明善：《谈艺录》，陕西旅游出版社，2001年。

② 〔清〕李渔：《闲情偶寄·词曲部·结构第一》，浙江古籍出版社，2001年。

澄神静虑，端己正容，秉笔思生，临池志逸。虚拳直腕，指齐掌空，意在笔先，文向思后。

这里既借鉴了蔡邕的"先散怀抱"说和怀素的"无定则"说，主张"澄神静虑"，"临池志逸"，要求书家在进入创作时必须涤除杂念；又借鉴了王羲之的"意在笔先"说，强调"端己正容"，"意在笔先"，"秉笔思生"，要求书家在创作之前先要酝酿情绪。书家的创作实践证明，书法创作时的这两种心态都是必要的，由于"意在笔先"而产生创作冲动；由于"先散怀抱"而全身心地沉浸于创作的规定情境之中，看似无意实则有意，看似有意实则无意。王羲之创作《兰亭序》时，意在抒写对天地、自然、人生的感怀；颜真卿创作《祭侄稿》时，意在悼念兄长和侄子；苏轼创作《黄州寒食诗帖》时，意在抒写被贬黄州时忧谗畏讥的忧愤之情。但他们却都是"先散怀抱"，沉浸在笔墨的驱遣之中，完全没有想到这是在进行书法创作，却创作出了天下三大行书。这正是心中潜意识冲动与有意识抒发的有机结合。欧阳询对于书法创作中两种情景的综合论述，看似中庸，实则兼容，实际上是从人学的高度对于书家的创作心态，做了较前人更为全面而深入的阐释。

欧阳询认为，书家进入创作准备阶段，便要"徘徊俯仰，容与风流"，"观寥廓兮似察，始登岸而逾好"[1]。他认为，书法创作的一切运笔结体之理，是从寥廓的宇宙自然、天地万物中领悟而

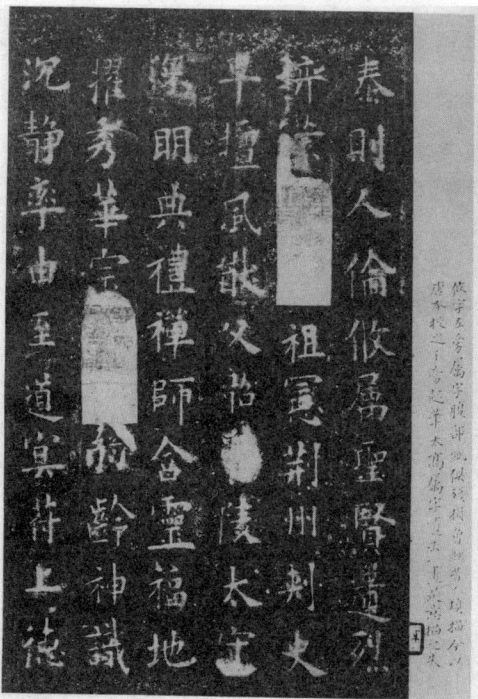

图2-14 欧阳询《化度寺碑》局部之五
（书法赏析）

---

① 〔唐〕欧阳询：《用笔论》，转引自《历代书法论文选》，上海书画出版社，1979年。

得，然后经由艺术概括，从直觉视觉的具象中摄取绝对抽象的形式规律表征。书家创作之前的这种精神活动确实是"似察"，既不是有心临时去做专门的考察，却又确实是通过"观寥廓"而形成意象创造的心理根据。这就要求书家"秉笔思生"，在进行创作前具备一定的审美素养，来观察、体验、研究、分析"惊蛇入草"这样的自然现象和"三峡荡桨""担夫争路"这样的生活现象，即所谓"近取诸身，远取诸物"，从而在进行书法创作时有丰厚的积淀；"意在笔先，文向思后"，从而将得自大千世界和人类社会的各种印象，组织成生动感人的审美意象。

> 壮则崛岉而嵬嶪，丽则绮靡而清道。若枯松之卧高岭，类巨石之偃鸿沟，同鸾凤之鼓舞，等鸳鸯之沉浮。仿佛兮若神仙来往，宛转兮似兽伏龙游。……隐隐轸轸，譬河汉之出众星，昆冈之出珍宝。既错落而灿烂，复逶连而扫撩。方圆上下而相副，绎络盘桓而围绕。[①]

书家在笔先所生、下笔所现的这些意象，是"观寥廓"而生，这是书之本也。"意"，是书家建立在对所描绘的对象掌握其凝练的物化、动态化特质后，借助于笔墨线条所描绘出的兼具形态美、抽象美和美学神韵的象外之意，是将描绘的对象抽象化、意象化，最终企及意与灵相通的境界。

书家将其内心经验、印象、情感形式化而生"意"，而将其"意"即具有形式化的审美意象生成作品则凭借"法"。技法的本质就是审美意象的传达。在具备"临池志

图 2-15　欧阳询《皇甫诞碑》局部之一（书法赏析）

---

① 〔唐〕欧阳询：《用笔论》，转引自《历代书法论文选》，上海书画出版社，1979 年。

图 2-16 欧阳询《皇甫诞碑》局部之二
（书法赏析）

逸，秉笔思生"的审美内形式的基础上，"虚拳直腕，指齐掌空"，开始进入创作的实际阶段，即《书谱》所谓"心手双畅"。在瓦莱里的《诗与抽象思维》一文中，画家德加对马拉美说："我没有法子说出我要说的话，然而我有很丰富的思想。"马拉美回答道："人们并不是用思想来写诗的，而是用词语来写的。"①德加所说的"很丰富的思想"，相当于作书之"意"，而马拉美用来写诗之"词语"，相当于作书之"法"。有"思想"而寻找不到与之对应的外形式，便是缺失娴熟的技法。内形式与外形式之间出现断层，表现在文学创作上就是《庄子·外物》所揭示的"得意而忘言"，"言不尽意"。书法创作所要传达的"是比一般思维活动更为复杂、更带有情感性，因而，也更加朦胧隐晦的诗意化的心理经验"②，而且与绘画比较起来，书法在绝对具象的直觉视觉与绝对抽象的形式规律表征这两个极端之间，处于真空地带。因为，来自直觉视觉的客观自然之形，只是触发书家创作之"意"的媒介。一旦进入创作过程，书家须超越客观的自然之形，也不能借助于艺术的自然之形，不能如画家再现从客观的自然之形中所提炼出的艺术形象，他只能借助抽象的笔墨线条表现从客观的自然之形中所领悟的意象，这就是欧阳询在《用笔论》中所总结的书法意象的特征："若枯松之卧高岭，类巨石之偃鸿沟，同鸾凤之鼓舞，等鸳鸯之沉浮。仿佛兮若神仙来往，宛转兮似兽伏龙游。"③ 所谓

---

① ② 伍蠡甫：《西方文论选》，上海译文出版社，1982 年。

③ 〔唐〕欧阳询：《用笔论》，转引自《历代书法论文选》，上海书画出版社，1979 年。

"若""类""似"云者，不是书家提供的具体可见的艺术形象，而是欣赏者在意念中通过联想而浮现的意象，以映现美的规律，传达书家之"意"。因此，书家之"法"即笔墨技法，便是转化过程中的关键。而"虚拳直腕，指齐掌空"作为书法的基本技法也就显得尤为重要了。"秉笔思生""文向思生"，创作过程中超逸闲适的心情直接关系到书法用笔、章法乃至气韵的生动流畅。在这诸多因素的协调下，书家艺术情感的内形式与技法娴熟的外形式一拍即合，在有意与无意之间，"就在那线条、旋律、形体、痕迹中，包含着非语言非概念非思辨非符号所能传达、说明、替代、穷尽的某种情感的、观念的、意识和无意识的意味。这'意味'经常是那样的朦胧而丰富，宽广而不确定……它们是真正美学意义上的'有意味的形式'"①。因此，在书法的创作过程中，感知并积淀的审美素养与驾轻就熟的艺术技法，是同一也是同步的。

欧阳询所阐释的书法创作心态论，不久就在孙过庭的《书谱》中得到了回响。孙氏以王羲之的创作为例，说明书法作品的审美感觉，与书家在创作中的心态密切相关：

写《乐毅》则情多怫郁，书《画赞》则意涉瑰奇，《黄庭经》则怡怿虚无，《太师箴》又纵横争折，暨乎《兰亭》兴集，思逸神超，私门诫誓，情拘志惨。所谓涉乐方笑，言哀已叹。岂惟驻想流波，将贻嗋嗳之奏；驰神睢涣，方思藻绘之文。②

图2-17　欧阳询《皇甫诞碑》局部之三（书法赏析）

① 李泽厚：《略谈书法》，转引自《李泽厚十年集》，安徽文艺出版社，1994年。

② 〔唐〕孙过庭：《书谱》，转引自《历代书法论文选》，上海书画出版社，1979年。

图 2-18 欧阳询《皇甫诞碑》局部之四（书法赏析）

孙过庭主张，书家在进入创作之前，先应该"情动形言，取会风骚之意；阳舒阴惨，本乎天地之心"[1]；进入创作之后，则应像王羲之一样"当缘思虑通审，志气和平，不激不厉，而风规自远"[2]，而书法艺术的最高境界，则是"达其性情，形其哀乐"[3]。这就将欧阳询所揭示的创作心态理论，推向一个更高的层面。

二、技法运用

在书法形式美感的多元构成中，书法技法包括用笔和章法结构这两大基点，都是为表现意象服务的。欧阳询的《结字三十六法》《八诀》等书法专论，在前人的基础上，对书法用笔与章法结构的美学原理，做了深入的论述。

在中国书法史上，从魏晋时期开始，书家就已经比较自觉地讲求书法的技法。自永嘉南渡后，南北书法相差甚远。北方碑书侧重于空间结构的展开，而南方帖书则侧重于用笔方式的研究。如北方的《龙门二十品》纯为方笔，这虽然与石匠刀斧砍凿有关，但也是一种自觉的艺术追求。方折笔法的大量使用，表现出北方书家对笔画的厚实感有着浓厚的兴趣，所以无论是刻碑、摩崖，还是墓志、造像，其整体结构的雄强茂密都令人叹为观止。

康有为即感叹："六朝笔法，所以迥绝后世者，结体之密、用笔之厚，最为显著。而其笔画意势舒长，虽极小字，严整之中，无不纵笔势之宕往。"[4] 但是，北方书家对用笔的丰富性、生动性则默然。而从王羲之的传本墨迹来

①②③〔唐〕孙过庭：《书谱》，转引自《历代书法论文选》，上海书画出版社，1979 年。

④ 〔清〕康有为：《广艺舟双楫》，转引自《历代书法论文选》，上海书画出版社，1979 年。

看，南方书家却偏重于关注和把握用笔微妙的感受，用笔尖、方、圆穿插并用，因而反差强烈，节奏生动，气脉贯畅。

传王羲之《题卫夫人笔阵图后》，即主张作书时："每作一波，常三过折笔；每作一点，常隐锋而为之；每作一横画，如列阵之排云；每作一戈，如百钧之弩发；每作一点，如高峰坠石。"

南北朝时期，南朝由于玄学思潮的笼罩，经羊欣、王僧虔至智永，用笔日益精致，但因偏重于天然而不是功夫，认为天然是神化之所为，非人世之所学，所以气格却日益庸俗。北朝书法在用笔的精致上远远不如南朝，但其排宕之势、质素之风又远超于这些小巧的精致之上。自王褒、庾信由南入北，北方的浑厚朴茂之气与南方精致的用笔技巧，才在一定程度上兼容一体。

隋唐时期，统一的王朝需要统一的社会秩序和价值观念，要求为艺术建立必要的规范。五七言律诗、绝句的声韵、粘对格律就完全成熟了。书法的发展也到了一个由分而合的统一期，要求南北书风在"文质彬彬，尽善尽美"的前提下，将南朝的"宫商发越，贵于清绮"与北方的"词义贞刚，重乎气质"相融合，即将南书的技巧与北书的排宕之势、质素之风紧密结合。由于当时"书判取仕"，书法尤其是楷书已经作为科举考试的标准字体和选拔人才的基本技能之一，规定弘文、崇文两馆学子的"楷书字体，皆得正详"，这就要求楷书字体必须建立"正详"的法度，使得人人可学而至、可习而得。因而楷书书写技法的总结和研究就提到议事日程上来了。于是，隋代智果在《心成颂》中第一次从艺术审美的角度入

图 2-19　欧阳询《皇甫诞碑》局部之五（书法赏析）

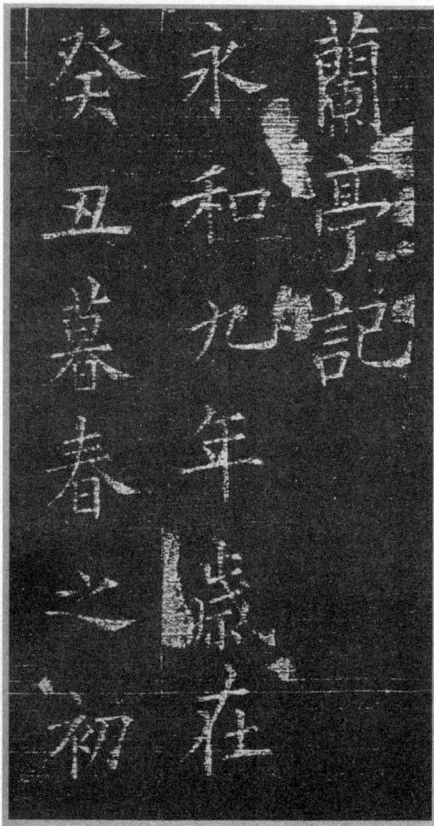

图2-20　欧阳询摹《兰亭序》局部之一
（书法赏析）

手，总结出楷书文字结构中的"回展右肩"
"长舒左足""峻拔一角""潜虚半腹""间开
间合""隔仰隔覆""回互留放""变换垂缩"
等一对对的阴阳辩证关系，和"繁则减除"
"疏当补续""分若抵背""合如对目""孤单
必古""重并仍促""以侧映斜""以斜附曲"
"覃精一字""统视连行"等结构的处理原则，
这就对书法的结构处理做了纯形式的分析和归
纳，并从中提炼出带有规律性的要求，强调所
有的结构造型都必须以统一中的变化、联系中
的对比为归宿。这表明文字本身的结构研究开
始走向艺术定向的研究，给欧阳询书法技法论
的思维模式带来很大的启发。

　　一般地说，理论研究水平相对要滞后于创
作实践，但在初唐时期尤其是在欧阳询身上，
书法理论研究与书法创作实践却齐头并进。他
担任弘文馆书法教习之职，其楷书"尺牍所
传，人以为法"，说明欧阳询在创作实践中对
楷书技法的研习、掌握是十分老到熟练的。他
的《八诀》《结字三十六法》的主旨与智果的《心成论》
一脉相承。

　　《八诀》阐释了创作技法的各个方面：

　　　　分间布白，勿令偏侧。墨淡则伤神采，绝浓
　　必滞锋毫。肥则为钝，瘦则露骨，勿使伤于软
　　弱，不须怒降为奇。……筋骨精神，随其大小，
　　不可头轻尾重，无令左短右长，斜正如人，上称
　　下载，东映西带，气宇融和，精神洒落。

　　这里既涉及"澄神静虑"的创作状态、"意在笔先"
的艺术构思、"虚拳实腕""指齐掌空"的执笔原则，以
及"勿令偏侧"的布白、"墨淡则伤神采，绝浓必滞锋
毫"的墨法和结构形式的安排，又要求"四面停匀，八边

具备"，在均衡中见精神。《结字三十六法》则结合大量的字例，对《八诀》所涉及的结构理论做了更具体的阐释：

排叠：字欲其排叠疏密停匀，不可或阔或狭。……《八诀》所谓"分间布白"，又曰"调匀点画"是也。

避就：避密就疏，避险就易，避远就近，欲其彼此映带得宜。……

顶戴：字之承上者多，惟上重下轻者，顶戴欲其得势。……《八诀》所谓"斜正如人，上称下载"，又谓"不可头轻尾重"是也。

穿插：字画交错者，欲其疏密、长短、大小匀停。……《八诀》所谓"四面停匀，八边具备"是也。

向背：字有相向者，有相背者，各有体势，不可盖错。……

偏侧：字之正者固多，若有偏侧、欹斜，亦当随其字势结体。……字法所谓偏者正之，正者偏之，又其妙也。《八诀》又谓"勿令偏侧"，亦是也。

挑挖：字之形势，有须挑挖者。……

相让：字之左右，或多或少，须彼此相让，方为尽善。……

补空：如"我""哉"字，作点须对左边实处。……如《醴泉铭》"建"字是也。

覆盖：如"宝""容"之类，点须正，画须圆明，不宜相著，上长下短。

贴零：如"令""今""冬""寒"之类是也。

黏合：字之本相离开者，即欲黏合，使相著顾揖乃佳。……

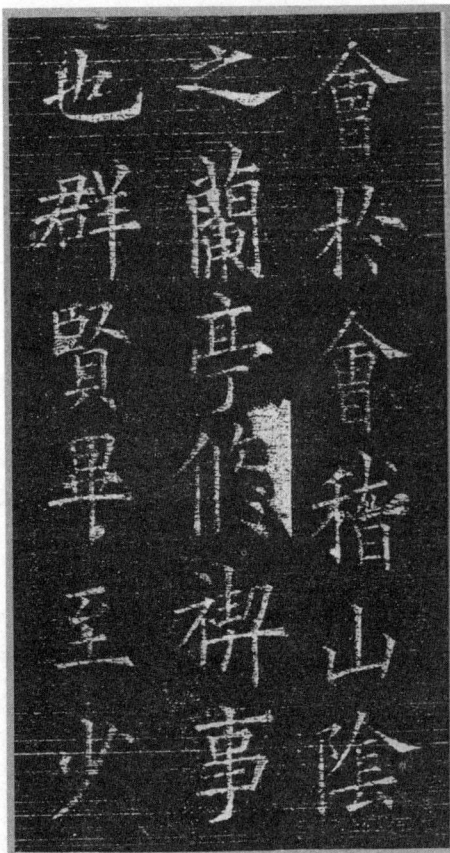

图 2-21 欧阳询摹《兰亭序》局部之二（书法赏析）

捷速：如"凤""凤"之类，两边速宜圆□，用笔时左边势宜疾，背笔时意中如电是也。

满不要虚：如"园""圃""图""国""回""包""南""隔""目""四""勾"之类是也。

意连：字有形断而意连者，如"之""以""心""必""小""川""州""水""求"之类是也。

……

垂曳：垂如"都""卿（乡）"之类，曳如"水""支"之类。

借换：如《醴泉铭》"祕"字就"示"字右点，作"必"字左点，此借换也。……

增减：字有难结体者，或因笔画少而增添……或因笔画多而减省……但欲体势茂美，不论古字当如何书也。

应副：字之点画稀少者，欲其彼此相映带，故必得应副相称而后可。……

撑拄：字之独立者，必得撑拄，然后劲健可观。……

朝揖：凡字之有偏旁者，皆欲相顾。……

救应：凡作字，一笔才落，便当思第二三笔如何救应，如何结裹。《八诀》所谓"意在笔先，文向思后"是也。

附离：字之形体，有宜相附近者，不可相离。……以小附大，以少附多是也。

回抱：回抱相左者，如"曷""丐"之类，向右者，如"鬼""旭"之类是也。

包裹：谓如"园""圃""圈"之类四围包裹也；"尚""向"，上包下；"幽""凶"，下包上；"匮""匡"，左包右；

图2-22　欧阳询摹《兰亭序》局部之三
（书法赏析）

"旬""匈"，右包左之类是也。

……

小成大：字以大成小者，下大者是
也。以小成大，则字之成形及其小字，
故谓之小成大。

小大成形：谓小字大字各字有形势
者也。

小大、大小：《书法》曰："大字
促令小，小字促令大，自然宽狭得宜。
……"或曰："谓上小下大，上大下
小，欲其相称。"亦一说也。

……

左小右大：此一节乃字之病，左右
大小，欲其相停，人之结字，易于左小
而右大，故此与下二节，著其病也。

左高右低、左短右长：此二节皆字
之病。不可左高右低，是谓单肩。左短
右长，《八诀》所谓"勿令左短右长"
是也。

褊：学欧书者易于作字狭长，故此
法欲其结束整齐，收敛紧密，排叠次第，则有老
气。……

各自成形：凡写字欲其合而为一亦好，分而
异体亦好，由其能各自成形故也。至于疏密大
小，长短阔狭亦然，要当消详也。

相管领：欲其彼此顾盼，不失位置，上欲覆
下，下欲承上，左右亦然。

应接：字之点画，欲其互相应接。

欧阳询在《结字三十六法》中对空间艺术构成的这种
整理、归纳，比智果《心成颂》更为概括和明晰。其对
"顶戴""避就""穿插""向背""偏侧"等规律的揭示，

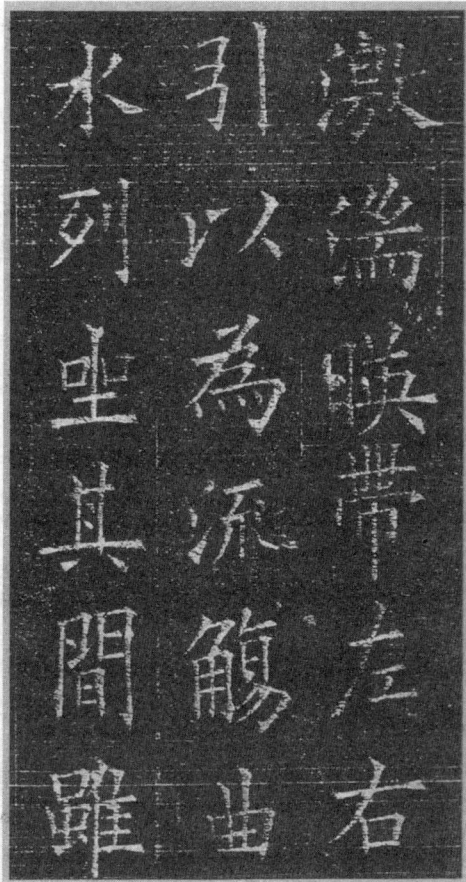

图 2-23 欧阳询摹《兰亭序》局部之四
（书法赏析）

比《心成颂》所提出的"分若抵背""以斜附曲"等要明确得多。对《心成颂》中所提到的"回展右肩""潜虚半腹",《结字三十六法》则以"字法所谓偏者正之,正者偏之"表达得更为精练。

欧阳询书论的技法论以意阐法,以法明意。中国传统美学一直围绕审美意象创造这个中心范畴,传达、解读各个艺术门类。"《诗》之'比兴'建基于物类相感、触类引申的《易》理之上,正与'易象'相表里。《骚》之'发愤抒情',倚重庄学的'逍遥游'理想,强调主体备受压抑的内在动力,在推动艺术家诉之于意象,向超越境界升腾远举。"[①] 书法作为解读本民族审美最有力的艺术现象,包容凝聚着中国漫长审美历程中的传统美学观念,其艺术传统的审美思维重意象、尚感悟。欧阳询在阐释书法用笔、结字时,都受到意象特征的支配,意、法结合,以揭示其形式美的基本法则。《八诀》中强调用笔须"一波常三过笔",使得笔势中融入大千世界的各种物象,如高峰之坠石,似长空之初月,若千里之阵云,如万岁之枯藤,劲松倒折,落挂石崖,如万钧之弩发。利剑截断犀、象之角牙。

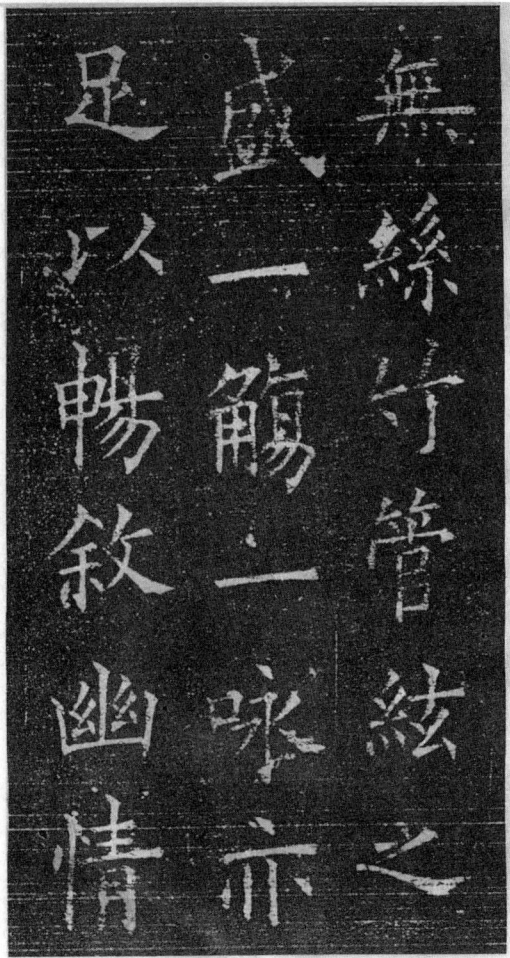

图 2-24 欧阳询摹《兰亭序》局部之五
（书法赏析）

将仰笔斜圆、两头皆尖之笔画,比作"长空之初月"。清代戈守智《汉溪书法通解·运笔卷第四》解读"新月之法",认为"是与戈法各分其圈之半势,故欹侧皆如初月也",欧阳询也主张"画须圆明",也

---

① 傅瑾:《中国美学面临的三大问题》,《学术月刊》,2000 年第 3 期。

是以圆镜的光洁明亮，形象比喻书法用笔的光洁和不相粘连。《传授诀》强调执笔"必在圆正"，即要求线条富有立体感。欧阳询借助于意象化的分析，从形象中感知趣味，对书人理解用笔之法多有启发。千年后的笪重光在《书筏》中遥相呼应曰："古今书家同一圆秀……圆斯秀矣。"这种启发不是自由的感知与完全的抽象，而是趋归于传统的"想象的真实"，成为虽妙在似与不似之间然含不尽之意于笔外的美学概念。《用笔论》中主张"用笔之法"，须使：

> 悬针垂露，蠖屈蛇伸，洒落萧条，点缀闲雅，行行眩目，字字惊心，若上苑之春花，无处不发，抑亦可观，是予用笔之妙。

图 2-25　欧阳询摹《行书千字文》局部之一
（书法赏析）

欧阳询大量采用意象类比来诠释书法用笔的奥妙所在。这种艺术理论话语，既不是只着眼于纯粹技巧层面上的，也不是只关注艺术与人生密切关联的现实层面上的，而是深层的艺术感受与艺术思维的特征。这种诗性化的理论言语传授出书法艺术中用笔的玄机，后人读来，便是"蓦然回首，那人却在灯火阑珊处"的顿悟了。

《周易·艮》主张不仅"言有物"，而且"言有序"，即结构布局。亚里士多德在《诗学》中曾指出，戏剧艺术在布局、性格、文辞、思想、布景、歌曲这六大成分中，"最重要的是布局"。明末清初的戏剧家李渔在《闲情偶寄》中则批评一些"结构全部规模之未善"的戏剧作品，"则为断线之珠，无梁之屋"。实际上，结构对于任何艺术门类都是重要的。俄国作家冈察洛夫谈到在文学创作的构思阶段，单是作品的结构，就像构造一座大厦一样，"足

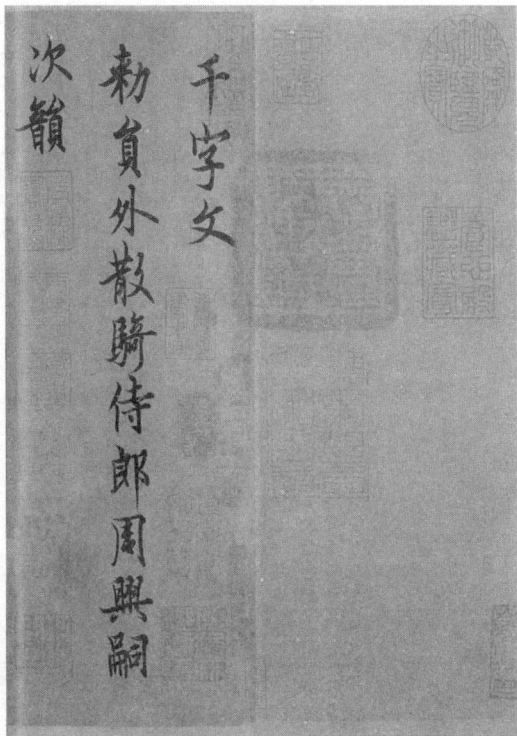

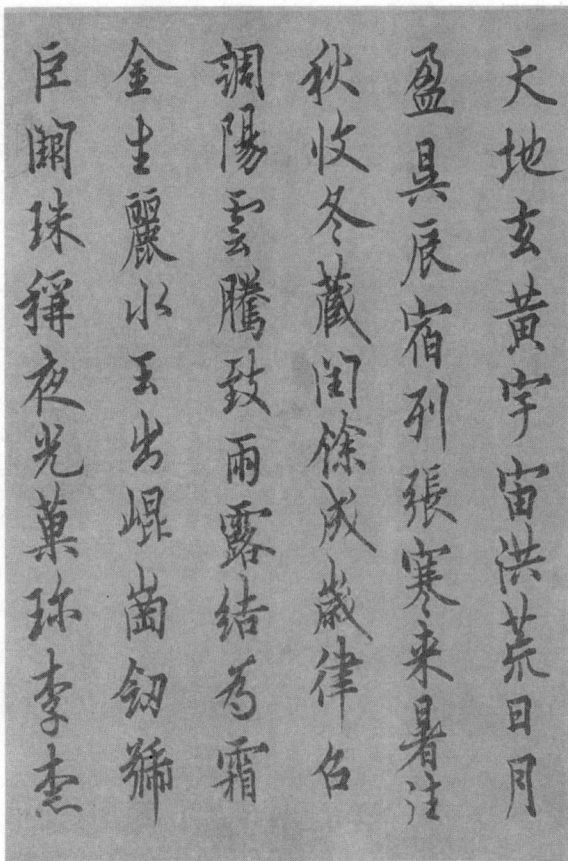

图2-26　欧阳询摹《行书千字文》局部之二
（书法赏析）

以耗尽作者的全部智力活动"①。古人认为，诗文若无精美的结构，只是"逐段铺排，绝无剪裁，则数一二而已，何以为文"②，更不可能产生激动人心的艺术效果。书法的结体，即结字，也是指字的点画安排、布白，不仅是指一幅作品全篇位置布局的扭结、融合、支撑，甚至还牵扯到计白以当黑，全篇黑白、虚实、疏密之间的相互作用。有形的结构（如欧字与颜字外廓形态的差异）给书法艺术带来生动而丰富的形象美感，无形的结构（如计白当黑）则给书法艺术带来深刻而复杂的哲理意蕴。古人在仰观俯察时，则是参照老子所揭示的宇宙万物"有无相生、长短相形"③的原则，安排汉字的结构。书法艺术的结体更讲求相反与相成的辩证关系。

隋唐时期，在对南北朝从用笔与结构两个侧面进行书法技法丰富性探索的基础上，已经具备关于用笔与结构之美的充分积淀。如果说，担任用笔之法总结归纳的必然是与南派书法有关联的人物，那么，担任结构之法总结归纳的必然是与北派书法有渊源的人物。而历仕三朝的欧阳询，则是这两方面最合适的人物。在《结字三十六法》中，欧阳询主张字的结体必须"疏密停匀"，应该"彼此映带得宜"，字要"大小成形"，小字

---

① 段宝林：《西方古典作家谈文艺创作》，春风文艺出版社，1980年。

② 〔清〕吴见思：《史记论文》，上海古籍出版社，2008年。

③ 李泽厚：《略谈书法》，转引自《李泽厚十年集》，安徽文艺出版社，1994年。

的结构就像大字那样阔绰，大字的结构就像小字那样紧密。这尽管是矛盾的结构，但强调的是对立面应该和谐与渗透，而不应排斥与冲突。再如点画稀少的字彼此要映带，点画独立的字必须能够"撑住"，求得和谐统一。书之"法"中渗透书之"意"。欧阳询对书法结体的这些精确阐释，在美学范畴中反映的是中国传统的哲学思维。李泽厚先生在《美的历程》中曾谈到中国"后世士大夫的互补人生路途"和"历代知识分子的常规心理及其艺术意念"①，无不儒道互补，也就是在看似"相反"的互补中求得实际上的"相成"。欧阳询在字的经营布局中也从肥瘦、大小、疏密、缓急等看似"相反"中追求实际的"相成"，即平衡。须知"平衡又是书法造型的第一准则"②。当

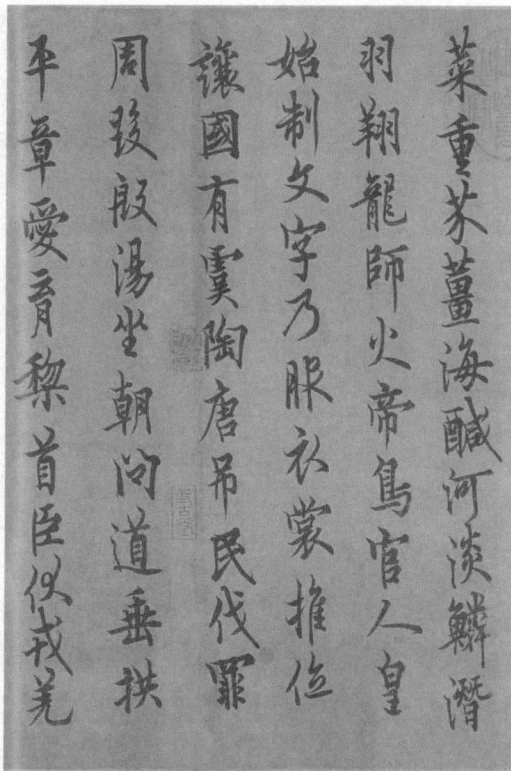

图 2-27　欧阳询摹《行书千字文》局部之三（书法赏析）

然，这种平衡不是西洋天平式的平整，而是"在不正中求正"，是"如秤似的平稳与平衡"③，因为"天生之物，无一无偶，而无一齐者，故虽排比之文，亦以随势曲注为佳"④。

第三节　书法审美风格

风格，原指人的风度、品格。艺术风格，在黑格尔看来就是"个别艺术家在表现手法和笔调曲折等方面完全出现他个性的一些特点"，也就是创作主体即艺术家的审美

---

① 李泽厚：《略谈书法》，转引自《李泽厚十年集》，安徽文艺出版社，1994 年。
②③ 陈振濂：《书法美学》，陕西人民美术出版社，1993 年。
④ 〔清〕刘大櫆：《论文偶记》，人民文学出版社，1998 年。

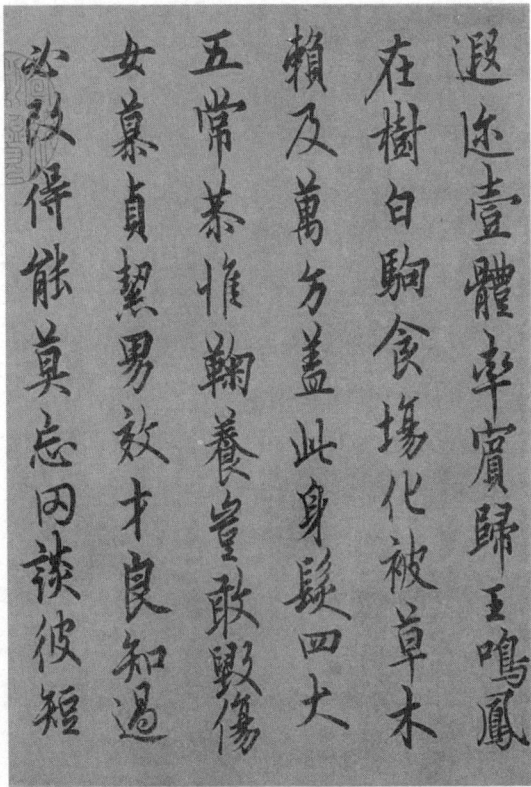

图2-28 欧阳询摹《行书千字文》局部之四
（书法赏析）

观念在与创作客体即艺术作品的美学表现的统一中，所体现出来的艺术特色和创作个性。它具体体现在艺术作品的题材、主题和手法、语言的运用上。与文学、音乐等造型、具象艺术形式相较，书法作品由于并非状物而只创造意象，所以其艺术风格既是直观可感的，也具有"模糊性"的特点。这就是孙过庭在《书谱》中所阐释的："夫心之所达，不易尽于明言；言之所通，尚难形于纸墨。"[①] 所以只能"粗可仿佛其状，纲纪其辞，冀酌希夷，取会佳境。阙而未逮，请俟将来"[②]。

书法艺术这种直观性和模糊性的审美风格，具体体现在书体的选择，作品的用笔、结字和章法等书法三要素和抒情性这一书法的灵魂中，也体现在欧阳询所论述的书法作品的技与道和形与达之间关系的处理上。

一、技与道

所谓技与道，亦即法与意。天地之间，未有无道之法，亦无无法之道，技总是体现出道的某一层面，道总是借助某种技以展现，技与道总是紧密相连。法与意也是如此，无法则无意，意总是借助于法而得以体现。

欧阳询的书法审美风格论亦贯穿着重法尚意观，这是因为风格即"艺术家在表现形式和笔调曲折等方面完全表

————————

①② 〔唐〕孙过庭：《书谱》，转引自《历代书法论文选》，上海书画出版社，1979年。

现出他的人格的一些特点"①，是艺术家个人的主观独特性与作品的客观物化性相互交融的有机融合体。

欧阳询在其《八诀》《结字三十六法》《传授诀》《用笔论》等书法专论中，对书法之技，即用笔、结字、章法三要素做了具体而深入的阐释和论述，没有像智果《心成颂》只讲其然，而是深究其所以然，亦即其技中所蕴含之道。在"排叠""避就""顶戴""穿插""向背""偏侧""相让"等结构的常理中，就蕴含着生命形象结构之道，蕴含着社会生活、人际关系之道，从而反映了人的审美心理的现实性，反映了时代社会意识、道德伦理观念等对书法艺术形式的制约。他尽管没有像唐太宗那样鲜明地表达提倡什么和反对什么的书法美学主张，但他的作品中含有魏晋南北朝以来自然形成的美学思想，并从技法原理的论述中透露出来。

同时，就欧阳询人格的一些特点来说，他重法取意，主张取中和之美的思想，一直影响着中国书法的审美情趣。"欧阳询所弘扬的儒家的中和之美观，也在用墨、用笔、结体等书法要素之中，将其表现得充分、坚实、完整和和悦"②，从而体现出追求巧智的思量与维度。北宋释居简的《北磵集》谈到贞观初，初唐四家本为辅佐之臣，却"追配'二王'"，独欧阳询之书"谨严瘦劲"，并认为他的《化度寺碑》《九成宫醴泉铭》，"习之者往往失其韵致，但贵端庄"，也就是说只留意于欧阳询书作结体的"端庄"，而忽略其"韵致"。欧书确实取胜于朴茂端庄，但其书作所呈现出的庄严、严谨，并不仅仅只表现于法度表面，也同时映现在情韵层面。

欧阳询书法专论对诸多范畴的精髓阐释，既将唐人"重法"的趋向"在'最高级'上的发展了"③，又继承了

---

①② 钟明善：《中国书法文化根性的超越》，《书法报》，2003 年第 3 期。

③ 陈振濂：《书法美学》，陕西人民美术出版社，1993 年。

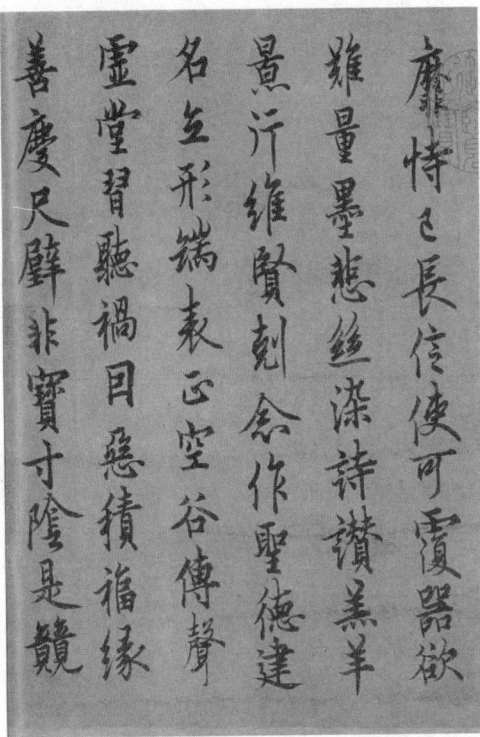

图 2-29　欧阳询摹《行书千字文》局部之五
（书法赏析）

魏晋南北朝以来自然形成的"尚意"美学思想。北宋人对唐书之法矫枉过正，"自以为过唐人，实不及也"[1]，进入南宋中后期，书法技法的荒率与尚意的倾向就发生了冲突。这种不健康的情况，更显示出欧阳询理论的前瞻性和实践的自觉性了。

二、意在笔先与用笔之趣

抒情性作为书法艺术的灵魂，这是书家都承认的。但是，书家的情感在作品中究竟是如何体现的，看法却不尽相同。对此，欧阳询结合书法的艺术特质和自己的创作实践，提出"意在笔先"与"用笔之趣"说，主张将书家之意自然地渗透在书法作品中。

古人早就注意到书法作为艺术，绝不是单纯地展现笔墨技巧，而是在其中蕴含着书家多层面的感情色彩。西汉末年，扬雄在《法言·问神》中提出的"书为心画"说，认为先有"心"再"画"之于"书"，也就是将心中之画现之于书，就涉及书法艺术的这一特质。与欧阳询同时代的孙过庭在《书谱》中，则主张借助于书法以抒情。他结合篆、隶、草、章等书体的艺术特点，主张书家在创作时要有意识地"凛之以风神，温之以妍润，鼓之以枯劲，和之以娴雅"，从而借此以"达其性情，形其哀乐"。

欧阳询并非明确主张，也没有明确地要求借助于书法创作，借助于笔墨线条来自觉地"达"（表达）书家的"性情"，"形"（再现）书家的"哀乐"，因为书法艺术的

---

① 〔清〕冯班：《钝吟书要》，转引自《历代书法论文选》，上海书画出版社，1979 年。

创作只是通过笔墨线条的排列组合组成特定的文字，文字是表情的，但笔墨线条本身毕竟不具象（否则就成了绘画），所以书法艺术的审美感受具有模糊性，很难像其他艺术品种那样借助于语言、节奏、旋律、动作等各种艺术手段再现客观世界的物象，以真切地抒写书家的思想感情。所以，欧阳询主张书家在进入创作之前先要"观寥廓兮似察，始登岸而逾好"，通过观察、体验、研究、分析"寥廓"即大千世界的客观物象所呈现的动态、气韵（而不是物象的色彩、外形），以催生出心中之意，再体味"用笔之趣"，也就是如何将其融入用笔之中，从而做到"意在笔先""先散怀抱"，从而将其"性情"自然地"达"在书法艺术的整个创作过程中。一旦进入创作的规定情景时，必须"澄神静虑，端己正容"，开始创作时则"秉笔思生，临池志逸"，做到"意在笔先，文向思后"，从而能够"秉笔必在圆正，气力纵横重轻，凝神静虑"；用笔时"徘徊俯仰，容与风流"。这样，书家无形的"哀乐"之情，在笔下"凛之""温之""鼓之""和之"，现之于笔墨线条中则呈现出"刚则铁画，媚若银钩，壮则崛岉而嵯嵘，丽则绮靡而清遒"，自然就体现了"风神""妍润""枯劲""娴雅"等审美意趣。其"若枯松之卧高岭，类巨石之偃鸿沟，同鸾凤之鼓舞，等鸳鸯之沉浮。仿佛兮若神仙来往，宛转兮似兽伏龙游"，似乎有"形"，但他强调"若""类""仿佛""似"以表明并非具象，而是借助其似有非有之"形"，含蓄地传达出书家的心中之意。

孙过庭主张借助于书法创作来"达其性情，形其哀乐"。书法作品只是性情、哀乐的载体，而欧阳询则主张先酝酿其意，再将书家之意自然地不露痕迹地融入书法创作的各个环节之中，使之书家的性情、哀乐成为书法艺术创作的媒介。欧阳询的这个主张与扬雄的"书为心画"说实际上一脉相承。清人刘熙载《艺概》即谓："扬子以书为心画，故书也者，心学也。"心（头脑）实际上是书法艺术的一个源，是先有的；书法艺术只是书家的主观精神流，是心（头脑）作用的结果，是后有的。清代章学诚《文史通义·易教下》云：

> 有天地自然之象，有人心营构之象。天地自然之象，《说卦》为天为圜诸条，约略足以尽之。人心营构之象，睽车之载鬼，翰音之登天，意之所至，无不可也。然而心虚而用灵，人累于天地之间，不能不受阴阳之消息。心之营构，则情之变易为之也；情之变易，感于人世之接构，而乘于阴阳倚伏为之也。

书法艺术的创作，实际上是书家将自己有感于"天地自然之象"所营构出来的"人心之象"，表现于笔墨线条之间的产物。歌德认为"海大于地，天大于海，而人心大于天"，书法艺术也是"大于天"的、高级的"人心营构之象"。它的发展、变化，与现实世界的联系只有通过人来表现，当然不会与客观物体同步。欧阳询的书家"意在笔先"说，对书法艺术创作的启示作用就在这里。

因而，欧阳询的"意在笔先"与"用笔之趣"观，既是对此前王羲之创作《兰亭序》情景的总结，也为此后颜真卿创作《祭侄稿》、苏轼创作《黄州寒食诗帖》的实践所印证。因为作为意象艺术的书法，正如刘熙载在《艺概·书概》中所阐释的"圣人作《易》，立象以尽意。意，先天，书之本也；象，后天，书之用也"，所以书家先观物、观我，"观物以类情，观我以通德。如是则书之前后莫非书也，而书之时可知矣"。这个物，包含着天地之间的万事万物；这个我，则是主体精神。也就是说，书家总是先观物、观我以催生意，再将意渗透在书法创作的全过程中，而并非借助书法创作以催生、抒发感情。

欧阳询的这个主张，似乎更符合书法艺术的审美特征。

第三章　欧阳询与初唐其他三家之比较

"物之不齐，物之性也。"① 天地自然、人类社会的各种物质和精神现象，都是在比较中显示出各自的特征。因此，要正确地认识某一事物的特质，必须通过比较。有比较才有鉴别，艺术现象尤其是这样。因为，个性化是艺术的灵魂和生命力之所在。一种艺术如果没有了个性，也就失去了存在的价值。当然，艺术个性尽管没有对与错，却有高低、粗细、快慢和文野之分；而判断艺术之高与低、粗与细、快与慢、文与野的价值体系，体现在诸多方面，但一个最重要的方面，就是时代性。刘勰谓："文变染乎世情，兴废系乎时序。"② 判断一种艺术作品的价值，关键是看这种艺术样式、这个艺术家是否"染乎世情"，"系乎时序"，传达出时代精神和审美意识的发展趋向。

再者，古今艺术的发展都要受到外部因素和内部因素的影响。所谓外部因素，即时代特定的社会环境和文化背景，亦即所谓"世情"；所谓内部因素，即艺术本身的发展规律。艺术尽管脱离不了政治的制约，但艺术的延脉并不以朝代的更替而中断，而是随着时代的发展，不断地进取，从而为所处的时代提供鲜活的蕴含，亦即所谓"时序"。艺术家及其艺术作品，要在"变"中"兴"，就必须"染乎世情"，"系乎时序"，正确反映、深入体现时代发展的健康走向。

---

① 杨伯峻：《孟子译注》，中华书局，1960 年。
② 〔南朝梁〕刘勰：《文心雕龙》，新文化书社，1934 年。

这就是将欧阳询与初唐其他三家比较的理论基础。

第一节　比较的时代基础

肇端于隋代的南北文化交融，直接哺育出唐代艺术的空前繁荣，隋碑朴茂方正、文质兼具的书法风格，更是直接影响了唐代书法的审美风尚。

一、时序论

清代阮元在他的《南北书派论》中，言及隋至唐代书法的发展时，将汉末、魏、晋时期产生的正书和行草，分为南北两派："正书、行草之分南北两派者，则东晋、宋、齐、梁、陈为南派，赵、燕、魏、齐、周、隋为北派也。"再梳理汉末、魏、晋时期南北两派各自的代表书家，及至初唐时期的传承：

> 南派由钟繇、卫瓘及王羲之、献之、僧虔等，以至智永、虞世南；北派由钟繇、卫瓘、索靖及崔悦、卢谌、高遵、沈馥、姚元标、赵文深、丁道护等，以至欧阳询、褚遂良。南派不显于隋，至贞观始大兴。然欧、褚诸贤，本出北派，洎唐永徽以后，直至开成，碑版、石经尚沿北派余风焉。

继而他总结了南北两派之不同书风：

> 南派乃江左风流，疏放妍妙，长于启牍，减笔几不可识。而篆隶遗法，东晋多已改变，无论宋、齐矣。北派则是中原古法，拘谨拙陋，长于碑榜。……两派判若江河，南北世族不相通习。

最后，他则指出南北两派在初唐之不同地位：

> 至唐初，太宗独善王羲之书，虞世南最为亲近，始令王氏一家兼掩南北矣。然此时王派虽显，缣褚无多，世间所习犹为北派。

阮元树立了自汉末至唐时书法发展的轨迹，力倡南北书派论。其中"南派不显于隋，至贞观而大兴"至确。而"虞世南最为亲近，始令王氏一家兼掩南北"，实际上虞世南主要研习的是南派，而欧阳询、褚遂良等北派，代表的是自南北朝至隋代书法艺术发展的正确方向。阮元所论，将初唐四家之比较研究，已见端倪。

康有为在《广艺舟双楫》中，更有言：

> 隋碑内承周、齐峻整之绪，外收梁、陈绵丽之风，故简要清通，汇成一局。……隋碑风神疏朗，体格峻整，大开唐风。唐世欧、虞及王行满、李怀琳诸家，皆是隋人。今人难免干禄，唐碑未能弃也，而浅薄漓古甚矣，莫如择隋书之近唐，而古意未尽漓者取之。昔人称中郎书曰"笔势洞达"，通观古碑，得洞达之意，莫若隋世。盖中郎承汉之末运，隋世集六朝之余风也。

由此可见，唐人尽管深爱隋碑书风，尤其是初唐书坛的引领者们，更是对于隋代书法的直接继承，但"唐世欧、虞及王行满、李怀琳诸家"虽然"皆是隋人"，对隋代书法的兼容南北，步调却并不一致。

二、世情论

古今考论唐代书法史者，一直将欧阳询、虞世南、褚遂良、薛稷并称为"初唐四大家"。唐初书法名家辈出，之所以有"四家"之称，就在于此"四家"艺术渊源有之，艺术成就突出，艺术影响深远。

虞世南（558—638）（图3-1），字伯施，越州余姚（今浙江余姚）人，长欧阳询一岁。少时受学于吴郡著名学者、《玉篇》编撰者顾野王。他"沉静寡欲，笃学勤学"，善属文，为南朝陈的书家；入隋后为秘书郎，仕唐后为弘文馆学士，改秘书监，封永兴县子，故人称"虞永兴""虞秘监"。

图3-1　虞世南像

太宗曾命其书写《列女传》以装屏风，不巧手头无书，他便默写出来，居然一字不差，太宗称其德才、忠直、博学、文辞、书翰为"五绝"。卒后陪葬昭陵，赠礼部尚书，谥文懿。编有《北堂书钞》一百六十卷。其书法始源于王羲之七世孙智永禅师，得山阴真传，笔致圆润遒逸，萧散洒落，尚有六朝遗韵。传世作品有：真楷碑版《孔子庙堂碑》、小楷刻帖《破邪论序》、行书刻帖《千人斋疏》。他将《孔子庙堂碑》拓片进呈时，太宗赐予一枚王羲之黄银印。虞世南还很有理论思辨能力，其书学理论建树于唐初并影响于后世。存世书论有《笔髓论》和《书旨述》。

褚遂良（596—658，一作659）（图3-2），字登善，祖籍浙江钱塘（今浙江杭州），后迁入河南阳翟（今河南禹县）。因"下笔遒劲，甚得王逸少体"，被唐太宗召为侍书。唐太宗曾经面对魏徵深深感叹虞世南死后无人可以论书，魏徵遂推荐褚遂良，赞其落笔劲健，大有王羲之书韵，太宗当日下令任褚为侍书，后自秘书迁起居郎，历任谏议大夫、中书令。太宗曾用内府金银财帛购买王羲之墨迹，于是天下人纷纷带着古人书迹到京城进献，当时无

图3-2　褚遂良像

人能够鉴别真假，唯褚遂良不但能够鉴别真假，还能详尽地论述其来龙去脉，可见其艺术见识之高。高宗时任吏部尚书、左仆射、知政事。封为河南县公，晋郡公，故人称"褚河南"。其书初学史陵，继学欧阳询、虞世南，终取法"二王"，融合汉隶，擅长楷书、行书、草书。时人评其书"字里金生，行间玉润，法则温雅，美丽多方"。传世碑刻有：《伊阙佛龛碑》《孟法师碑》《房玄龄碑》《同州圣教序》《雁塔圣教序》；书法墨迹有：《倪宽赞》《枯树赋》《帝京篇》《千字文》《大字阴符经》《临王羲之兰亭集序》

等。未见有书论传世，元人苏霖辑前人论书精要编成《书法钩玄》，其中收有褚遂良论用笔一则。

薛稷（649—713）（图3-3），字嗣通，蒲州（今山西万荣西南宝鼎）人。举进士，累转中书舍人，后历工部、礼部尚书。以翊赞睿宗，封晋国公，赐实封三百户，除太子少保，后人称其"薛少保"。其书名稍逊于欧阳询、虞世南、褚遂良，故有人将其从四家剔出，换为陆柬之。但当时书坛是以欧、虞为宗，褚遂良出则书风有新变，为一时激赏，而薛稷所善楷书，主要临习欧、褚二家，"锐精摹仿，笔态遒丽，当时无及之者"①，而"书学褚公，尤尚绮丽，媚好肤肉，得师之半，可谓河南公之高足，甚为时之所尚"②。开元名相张说赞誉其"前有虞、褚，后有薛、魏"，当时即有"买褚得薛，不失其节"之说。这就说明，继褚遂良之后，薛稷在书风上又有新的突破与发展。以此而论，薛稷名列初唐四家，也是实至名归。其传世作品有《杳冥君铭》《洛阳令郑敞碑》，但原碑皆已散佚，仅有翻刻本传世。

图3-3 薛稷像

考察初唐其他三家的书法艺术实践，可见书法家的美学思想和审美趣味，必然要深受当时社会审美风尚的影响。各种艺术样式或先或后地开始扬弃六朝的绮靡之风，逐渐表现出宏大壮阔之美。尽管书法家的气质之中，杂糅着道家、儒家和佛教思想，却始终以儒家思想为主导，因而并没有陷入苏轼在《答毕仲举书》中所感叹的"学佛老者本期于静而达，静似懒，达似放；学者或未至其所期，而先得其所似，不为无害"③，而始终保持着儒家所倡导的开拓奋进的态势。诗歌、绘画、书法、雕塑、音乐等皆承

---

① 〔后晋〕刘昫：《旧唐书·薛稷传》，中华书局，1975年。

② 〔唐〕张怀瓘：《书断》，转引自《历代书法论文选》，上海书画出版社，1979年。

③ 〔北宋〕苏轼：《答毕仲举书》，转引自《苏轼文集》，中华书局，1986年。

前启后。尤其是书法艺术进入了一个全新的发展阶段，"书家之盛，不减于晋"①。然而，书家此时却尊崇东晋"二王"，书作多继承因袭，少开拓创新，一时间自南北朝后期以至隋代兼容南北的书风有所消沉，而"二王"书风却盛极一时。

就在初唐书坛的这一发展趋向之中，欧阳询在批判继承魏晋六朝书风的同时，自觉吸收北朝碑书的刚健爽达，确立新的楷书法度。其书作亦质妍互重，骨韵兼并，遂以其强烈的书法美学风格在初唐四家中卓然独立，与其他三家尤其是虞世南、薛稷大异其趣。

第二节 法、意渊源之比较

所谓"法"一说，始见于清代梁巘的《评书帖》："晋人尚韵，唐人尚法，宋人尚意，元明尚姿。"所谓"法"，是指书之法度，既是指书法形式表达中的具象法度，也是指书法神韵中所体现出的法骨。梁巘这段高屋建瓴的书论，由于对各个朝代的书法艺术风尚进行了高度而又精练的概括，受到历代后学的推崇。诚如王国维在《宋元戏曲史·序》中所谓"凡一代有一代之文学"，如楚之骚、汉之赋、六朝之骈语、唐之诗、宋之词、元之曲、明清之小说，分别代表着各个历史时期的经典文学形式。但是，在宋词独领风骚的当时，宋诗中诗趣与理趣的结合，也是别有一番气骨。即就同是宋词，柳永以赋为词，苏轼以诗为词，辛弃疾以文为词，也各有千秋。同样，凡一代有一代之书法，除却肯定时代整体风尚的影响，也应看到在许多个体书家的身上，韵、法、意、姿这些美学追求尤其是法与意这两种美学精神，并不完全是对立的，而是有着某种渗透与融合。

---

① 马宗霍：《书林藻鉴》，文物出版社，1984 年。

一、书之法比较

欧阳询的自身成长经历与其青壮年所处的历史时期，决定了其书法的基础风格。就他而言，隋唐之际书法的发展方向既是前朝书法的遗味，也是经过自身消化后的再次发酵。隋朝的大量碑刻书法都呈现出简要清通、朴茂方正的气质与风格，这些，都直接影响了欧阳询对于"法"的追求，也成为欧阳询书法审美观的生发点。

相较于其他三家，欧阳询对于"法"的追求最为痴迷，最为理性。在确立书法形式本身的法度之外，其书论中也言及法度与法骨是作为书法最庄严的表达而存在的。在《结字三十六法》中，欧阳询对于书法结体进行了细致的近乎苛责的分析，如"挑挖"一节：

> 字之形势，有须挑者，如戈、弋、武、九、气之类；又如献、励、散、断之字，左边既多，须得右边辅之；如省、炙之类，上偏者须得下辅之，使相称为善。

这段言论，对于"挑"一类的字该如何在结体中相称为善做了严谨的分析，独体字诸如"戈"等，左右结构如"献"等，再者，上下如"省"字等，都需要在书写时注意。

这些书论中关于"法"的要求，在他的创作实践中也具象地呈现出来。

欧阳询与同时代的虞世南相较，书法不无互相影响之处。昔人即谓欧阳询的《皇甫诞碑》《九成宫醴泉铭》"乃其本色"，而《化度寺碑》"乃其参用永兴南法"。而虞世南的《孔子庙堂碑》（图3-4），并非其本色，"乃率更北法者也"[1]。但虞世南是魏晋时期尚意重韵书风的继承者，故何绍基直言"欧阳信本从分书入手，以北派而兼南

---

① 〔清〕阮元：《研经室集》，转引自《中国历史文集丛刊》，中华书局，1993年。

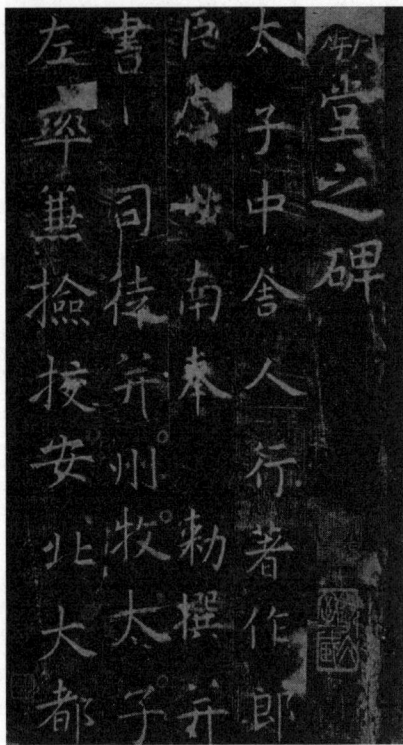

图3-4　虞世南《孔子庙堂碑》局部

派，乃一代之右军"，而"唐初四家，永兴专祖山阴"①，"书出智师，而侧笔取妍"②，即师从智永，取法"二王"。其书法专论《笔髓论》《书旨述》，也不像智果、欧阳询对法度有具体的阐释，而主要继承了晋人尚意重韵的风气，对法度也是从书意的总体要求出发："夫未解书意者，一点一画皆求象本，乃转自取拙，岂成书邪？"故而："太缓则无筋，太急则无骨，横毫侧管则钝慢而肉多，竖管直锋则干枯而露骨。"③

即使对于用笔的法度，他与欧阳询也不同，强调要解书意，法度并不是固定的："终其悟也，粗而能锐，细而能庄，长者不为有余，短者不为不足。"④在《笔髓论》的中心部分"契妙"一节，虞世南认为："书道玄妙，必资神遇，不可以力求也；机巧必须心悟，不可以目取也。"进而以"字形"为例，分析"神遇""心悟"与"力求""目取"之不同处所在：

　　字形者，如目之视也。为目有止限，由执字体。既有质滞，为目所视远近不同，如水在方圆，岂由乎水？且笔妙喻水，方圆喻字，所视则同，远近则异，故明执字体也。

进而再强调"神遇""心悟"之"玄妙"，云：

　　字有态度，心之辅也；心悟非心，合于妙也。且如铸铜为镜，明非匠者之明；假笔转心，妙非毫端之妙，必在澄心运思至微妙之间，神应

<hr>

① 〔清〕何绍基：《跋汪鉴斋藏虞恭公温公碑旧拓本》，转引自《中国书法全集·何绍基卷》，荣宝斋出版社，1994年。

② 〔清〕何绍基：《题智师千文》，转引自《中国书法全集·何绍基卷》，荣宝斋出版社，1994年。

③④〔唐〕虞世南：《笔髓论》，转引自《历代书法论文选》，上海书画出版社，1979年。

思彻。又同鼓瑟纶音，妙响随意而生；握管使锋，逸态逐毫而应。学者心悟于至道，则书契于无为，苟涉浮华，终懵于斯理也。

虞氏所举"水在方圆"和"铸铜为镜"的事例，旨在阐明学书者只有心悟于至道，才能达到"无为"的境界。

应该说，虞世南书作中的继承多于创新，更多表现出雍容肃穆的气象。在其楷书《昭仁寺碑》（图3-5）、行书《积时帖》（图3-6）、草书《论道帖》等行世书迹中，以《孔子庙堂碑》最为人称道，论者以为其书风虽中和而不弱，静美而不滞，遂积雄健为内势，化刚柔为一体。他的行草书《汝南公主墓志》（图3-7）则几乎"完全是王羲之行草书诸帖的嫡传"①。《宣和书谱》卷八曰："欧若猛将深入，时或不利；虞若行人妙选，罕有失辞。虞则内含刚柔，欧则外露筋骨，君子藏器，以虞为优。"

图3-5　虞世南《昭仁寺碑》局部

这里的褒虞贬欧之论，所持标尺即初唐时开始确立的以"二王"为代表的书法正统。但是，这种对欧阳询之贬也道出了其书学、书艺法度森严的书学气质；对虞世南之褒也说明了他更多的是对书法意韵美的追求。所以，何绍基即批评虞世南的书法多用

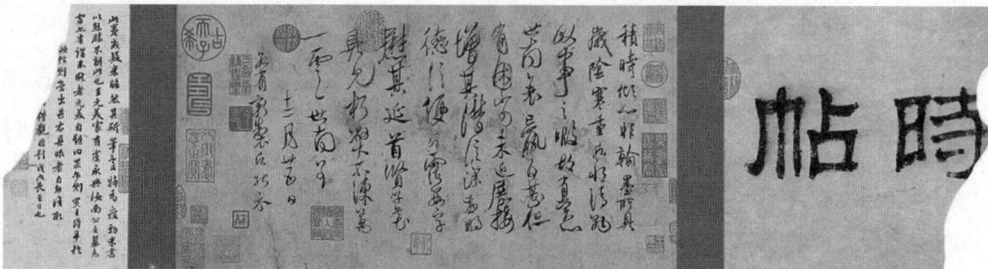

图3-6　虞世南《积时帖》

---

① 钟明善：《中国书法史》，河北美术出版社，2002年。

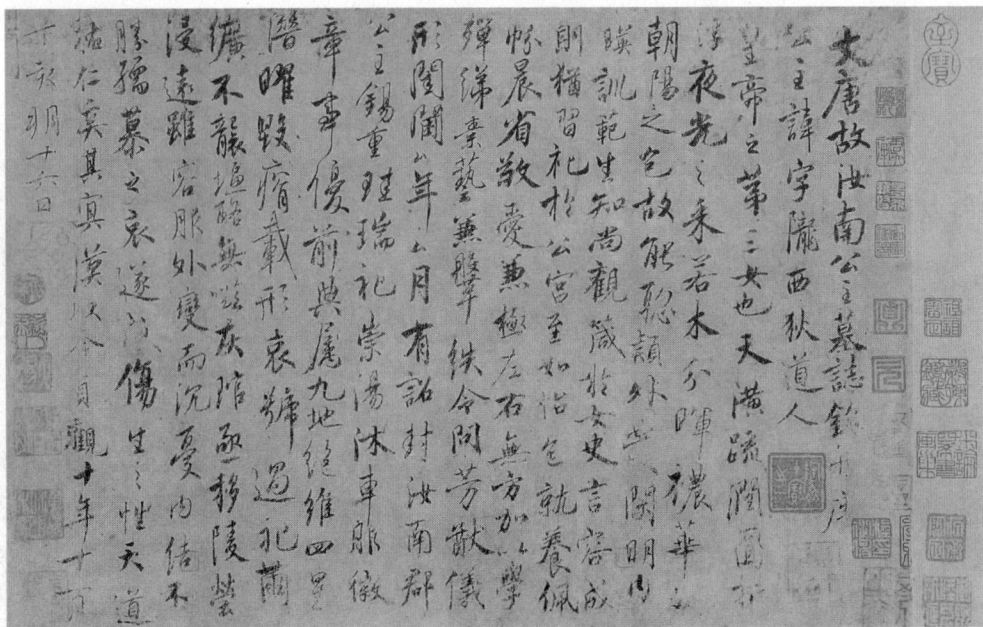

图 3-7　虞世南《汝南公主墓志》

"欹侧取势"的"侧笔",即侧锋用笔,与篆书、籀书、蝌蚪文以及汉代隶书的中锋用笔背道而驰。而篆书、隶书的中锋用笔才是正统的笔法,也就是古法。而侧锋用笔尽管有妍媚之姿、峭隽之态,但充其量只能说是书法用笔之流,而非其源。此可备一说。

二、书之意比较

一部书法史表明,历来无法不是书,无意不成书。应该说,欧阳询与初唐其他三家,都在自觉地探讨着书法之法,也不自觉地追求着书法之意。关键是看书中所表现出的意是旧还是新,也就是说是前人之意,还是初唐新时代的新意。

虞世南书法所映现出来的意是传统的。儒家强调"文质彬彬""中和之音",主张"充实之谓美,充实而有光辉之谓大,大而化之之谓圣"①。《诗经》之所以被确立为

---

① 杨伯峻:《孟子译注》,中华书局,1960 年。

五经之首，就因为"国风好色而不淫，小雅怨诽而不乱"，体现的就是"中和之音"；王羲之之所以被推为书圣，就因为其书"不激不厉，而风规自远"。《宣和书谱》即言："虞则内含刚柔，欧则外露筋骨"，以儒家"君子藏器"为标准，认为"以虞为优"。"内含刚柔""君子藏器"，说的就是虞世南书法的笔致圆润逎逸，萧散洒落，映现出的是六朝之意。陈振濂教授称虞世南"是像孔夫子那样满脑子伦理纲常的君子，他的《孔子庙堂碑》为君子书法"①，因为其书的风格具有温文尔雅而不强烈夸张，含而不露而不妩媚华丽，笔画平实稳健而不强调提按顿挫的节奏感，结构端正而不攲侧，章法浑成而不错落。这既是虞世南在书作中体现出来的，也是他在书论中强调的。在《笔髓论》中，他在对历史上的书学状况和初唐时流行的真、行、草诸体技法的分析中，就着意强调楷书应该"不疾不徐"，行书应该"内悬外拓，环转纾结"，草书尽管"纵于狂野"，也应该"不违笔意"。他所论之"解书意"，就是"冲和之美"。美则美矣，却只能是对东晋南朝书意的一种延续。

比较起来，《宣和书谱》评述欧阳询书法"外露筋骨"，没有像虞世南那样"君子藏器"，正说明欧书是兼容了北碑的刚劲锐利之意。正如今人所谓，欧阳询既有用法度的缰绳去套住北碑野马似的纵横恣肆，"又在规整的结构基调上酌取北碑的线条风格，从而体现出与魏碑相近的险劲气息"②。

欧阳询论书时既没有忘记南书之"媚""丽"，更强调北书之"刚""壮"。初唐四家中，褚遂良是欧阳询的同道。正如阮元所谓，欧阳询和褚遂良在临摹充分体现南书之意的《兰亭序》时，也融合了北碑之意。所以同样是对同一对象的临摹，欧本与《化度寺碑》书风相近，褚本与《怀仁集王羲之圣教序》（图3-8）书风相近，都显得

①②陈振濂：《品味经典》，浙江古籍出版社，2006年。

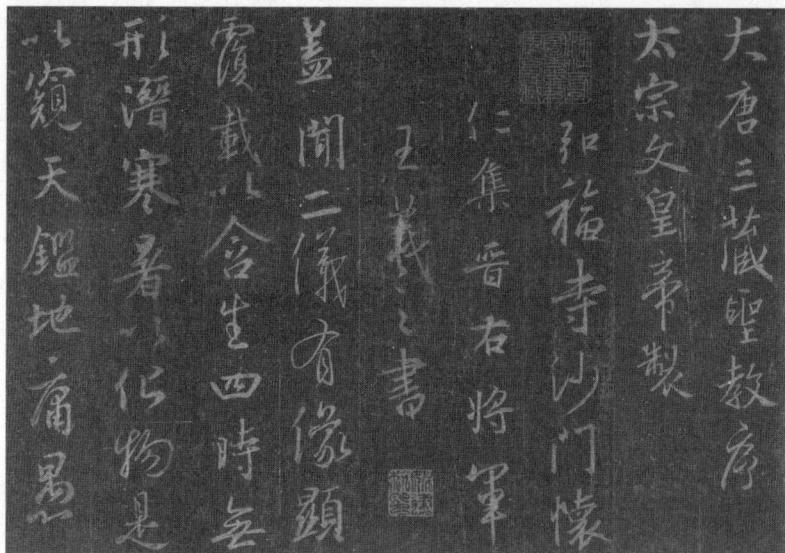

图 3-8　《怀仁集王羲之圣教序》局部

"刚柔得宜，健妍合度，故为致佳"，否则"则不知更何景象矣"①。

第三节　书艺气质之比较

气质本来是心理学名词。质，指人内在的生理、心理素质和外在的模样；气，则指人言谈举止中所映现出的风格气度。盖伦最先提出了气质这一概念，代替了希波克拉底理论中的人格，形成了气质学说。将这一概念移植到书法艺术之中，则范畴有所区别。质，指书法作品的三要素，即可以眼见的外在的形式之美；气，指书法的灵魂，即形式诸要素中综合体现出来的、可以感悟到的气韵。书艺的气质，是书法作品的质与气紧密融合所映现出来的整体风格。

一、书之气比较

书之气可谓书脉，即书法作品所洋溢着的气象，它酝酿于书法家的创作意识之中，映现于书作笔墨线条之中，

---

①　〔清〕阮元：《研经室集》，转引自《中国历史文集丛刊》，中华书局，1993 年。

具有与天地宇宙相通的浑融之气。古人所说的"一笔书"，并非是指写一篇书作蘸一次墨后一笔到底，而是指笔与笔意脉相连，全篇书作回旋着充满运动的、像太极八卦一样的气。古代书论中往往将气与韵相连，"气韵生动"作为艺术理论中一个重要课题，也是揭示书法艺术本质的一个完整概念，指的是书作中畅达的气息、浓郁的诗情与和谐的律动等。

初唐四家中，虞世南之"五绝"："一曰忠说，二曰友悌，三曰博文，四曰辞藻，五曰书翰"，并非潇洒俊逸的才子相，而是儒家标准的君子之德。现之于书法，则洋溢着温柔敦厚的君子之气，而褚遂良的书作中则洋溢着妩媚之气。

比较起来，欧阳询苦读力学，时议谓为"有执法而面折廷争之风"，其为人正直而略嫌拘谨，故其书法"笔力刚劲"，"孤峰崛起，四面削成"，流贯着险劲锐拔之气。在写《九成宫醴泉铭》《化度寺碑》《张翰帖》时，尽管书写题材内容不同，所用书体也不同，气却似乎一以贯之。即如行书《张翰帖》（图3-9），所写之张翰本是潇洒俊逸倜傥不群的大名士，史书称其"纵任不拘"，曾"因见秋风起，乃思吴中菰菜、莼羹、鲈鱼脍，曰：'人生贵得适志，何能羁宦数千里，以要名爵乎？'遂命驾而归"①，以至文学史上留下了"莼鲈之思"的典故。

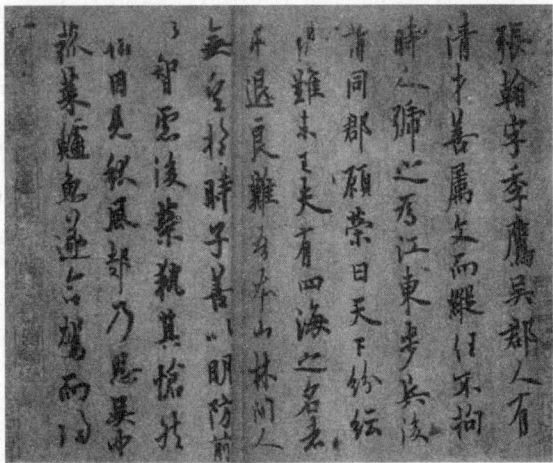

图3-9　欧阳询《张翰帖》

张翰尽管宣称"使我有身后名，不如即时一杯酒"，但其还是以"莼鲈之思"享名后世，给后人塑造了一个倜

---

① 〔唐〕房玄龄等：《晋书》，中华书局，1973年。

傥不群的形象。对这样一位时人"贵其旷达"的一代名士，如果让王羲之用《兰亭序》、王珣用《伯远帖》的笔致来写，那该是一件多么珠联璧合的好事！即使让虞世南以其《汝南公主墓志》的笔致来写，也差相似之。但是，由于张翰的形象迥然有别于欧阳询，"执法面折廷争"的欧阳询就不可能用他的笔墨线条造型去屈从于具体的文学环境，他还是用他那紧缩的、内敛的欧公本色，写出了这篇《张翰帖》，流贯的自然不是飘逸旷达之气，而是险劲锐拔之气。

这说明，书之气的形成，既是先天基因所致，也有后天因素，一旦形成就有稳定性，很难随机应变。

二、书之质比较

如果说，王羲之《兰亭序》、王珣《伯远帖》所流贯的洒脱飘逸之气，既与其书之质密切相关，也与其文字内容不无关系；那么，欧阳询《张翰帖》所流贯的险劲锐拔之气，与其文字内容及所写之人物气质迥然有异——其书中气之紧迫与其文辞内容的洒脱，尤其是张翰其人形象的洒脱，构成一种强烈的反差——而完全来自其书法之质。这个"质"，即其书法的用笔、结字、章法。

初唐四大家书中之气不同，主要在于其书法之质不同。当唐人雄心勃勃地在制度文化和意识形态领域建立法度时，欧阳询在书法创作实践和书法理论中也精心地建构起他的书法结构，并扩大为空间结构。书法三要素中，其用笔将北碑之方与南帖之圆兼施，总体上体现出雄强险劲的北碑风度；结构上在规整的基调上酌取北碑的开张挺拔纵横恣肆。他的《九成宫醴泉铭》《化度寺碑》等楷书、《张翰帖》等行书、《房彦谦碑》等隶书，形成了这样的"质"，也正是在这些"质"中体现出了险劲锐拔之"气"。

同时的虞世南的温厚之气、褚遂良的妩媚之气，也都与其书之"质"紧密相关。虞世南的楷书《孔子庙堂碑》、行书《汝南公主墓志》，用笔平实稳健，结构端正庄严，章法浑成，遂映现出蔼然君子之气。故朱长文《续书断》称其学术渊源"论议持正，无少阿徇，其中抗烈，不可夺也"，而其书法"气秀色润，意和笔调"，因而"合含刚特，谨守法度，柔而莫渎，如其为人"。

褚遂良的《雁塔圣教序》（图3-10）笔画细劲，结体舒展，且以行书笔法入楷，在端正的楷法中渗入了飞动飘荡的意趣，后人评其"真书甚得其媚趣"，"增华绰约，欧

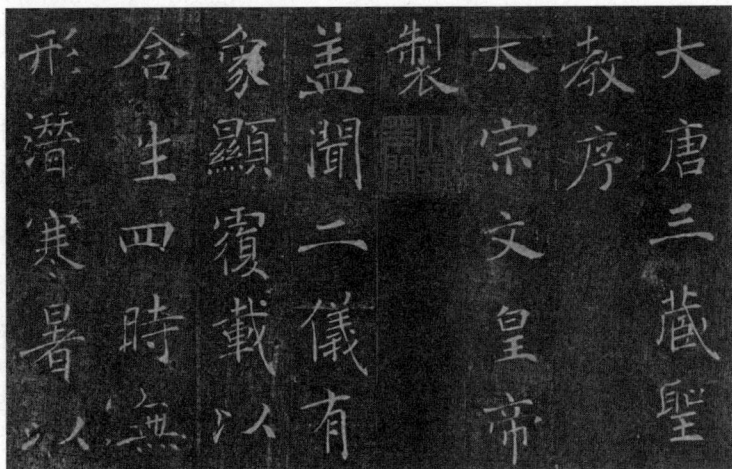

图3-10　褚遂良《雁塔圣教序》局部

虞谢之"，在后世树立起一个婉媚柔丽的楷书风范，与欧的险劲端正，虞的淳和温雅鼎足而三。当然，书法之质并非单一的技巧问题，而是牵涉到书家的心理、素养和作品的风格，以及时代的文化背景等复合含义，也涉及文字与形式之间的关系等深一层书法学命题。

第四节　书学理论之比较

初唐四大家齐名，主要依据是其楷书都在当时取得令人瞩目的艺术成就。一般来说，艺术实践先于理论，后起的理论多总结其他艺术家的艺术实践，从诸多艺术现象中揭示艺术的特质，并总结、归纳、概括出某些带有共通性的艺术规律。值得欣慰的是，四家中的欧阳询、虞世南都有书法专论传世，褚遂良也留下了见解独到的艺术感悟，

分别对书法艺术的技与道做了可贵的阐释。但是,其书法艺术的渊源有别,实践有异,书论的见解也不尽相同。

总体来看,欧阳询的书论尽管也涉及书之道,但偏重于书之技;虞世南的书论,尽管也涉及书之技,但重在对书法美学的阐释;褚遂良的只言片语,是对笔墨技法的感悟之谈。

一、书之技比较

欧阳询在书法创作实践中对书之技有深切的体悟,遂在《八诀》《三十六法》《用笔论》《传授诀》等书法专论中做了总结。在《八诀》中主张执笔必须"虚拳实腕,指齐掌空",布白则要"勿令偏侧",墨法避免"淡则伤神采,绝浓必滞笔锋毫",结构上反对将肥瘦、短长、粗细发展至极端,从而"四面停匀,八边具备",在诸种因素的均衡中见中和之精神。《结字三十六法》则对书法结构理论从三十六个方面做了具体的阐释。从这些阐释来看,感悟多于论析,中心思想是均衡折中。

与欧阳询的结构理论相对应,虞世南《笔髓论》的叙体、辨应、指意、释真、释行、释草、契妙七部分,对用笔技法提出更为博洽精神的见解。在执笔法、用笔法中,最重要的是对用笔方法的阐述。他认为,在"心""手""管""毫"四者的关系之中,创作主体起着主宰作用。执笔时,"笔长不过六寸,捉管不过三寸,真一、行二、草三,指实掌虚",运笔的速度要不疾不缓,因为"太缓而无筋,太急而无骨";笔锋必须圆正,因为"横毫侧管则钝慢而肉多,竖管直锋则干枯而露骨"。写行草书的笔锋还需要转动调整,使得"稍助指端,钩距转腕"。这种种的用笔技法,尽管还谈不上详赡、赅备,但却是对南派用笔方法的一个较好的总结,直接启发了孙过庭,于是他在《书谱》中将用笔的技法归结为"执使转用"四法。

虞世南在《笔髓论》的"释真""释行""释草"三

章中，阐释了真、行、草等三种书体运笔结字的特点。要求创作主体"得之于心，应之于手"，"契于天真，同于轮扁"，应不违于心意，书写手段应不违笔意。真书讲究运笔纯熟，不疾亦不徐，动静纯乎自然。行书写作略同于真书，但是顿挫盘礴、进退钩距务必有力度，必须强化动感，使得笔锋逆转，讲究内旋外转的变化，以适应其运笔形势，但是也必须来去自然。草书则纵心奔放，用笔起伏连卷，虽纵于狂逸却又不违笔势。

在书法技法论中，欧阳询偏重于结体论，虞世南偏重于用笔论，却都是植根于各自的书法渊源。总体来看，欧阳询参照的是北地碑书的结体，虞世南总结的是南国帖书的用笔。这都促进了此后唐书"尚法"风气的形成。

汉魏人论书也讲笔力，但说得很抽象。元人苏霖在《书法钩言》中收录了褚遂良一则用笔之论，以现实的物象类比书写线条的力感："用笔当如印印泥，如锥画沙。"目的是"使其锋藏，书乃沉着，当其用锋，常欲力透纸背"，具体表述了对书写线条力度的要求。"印印泥"，是指印文无论阴阳，都能呈现出凹凸相发的迹印，显示出厚重的力度。而书法的点画就必须具有这种深厚的意味才有审美效果。"锥画沙"，是指笔锋运行，务必像用铁锥在平铺的沙地上，留下一道道切面如"V"字形的沟槽，因为中线最深，使得整个线条显得厚实而沉着有力。这两种线条形象，都不会因露锋而显得浮薄。由于书写的功力是线条美的基本要求，所以褚遂良用"印印泥""锥画沙"以形容"力透纸背"的用笔效果，这一形象的比喻

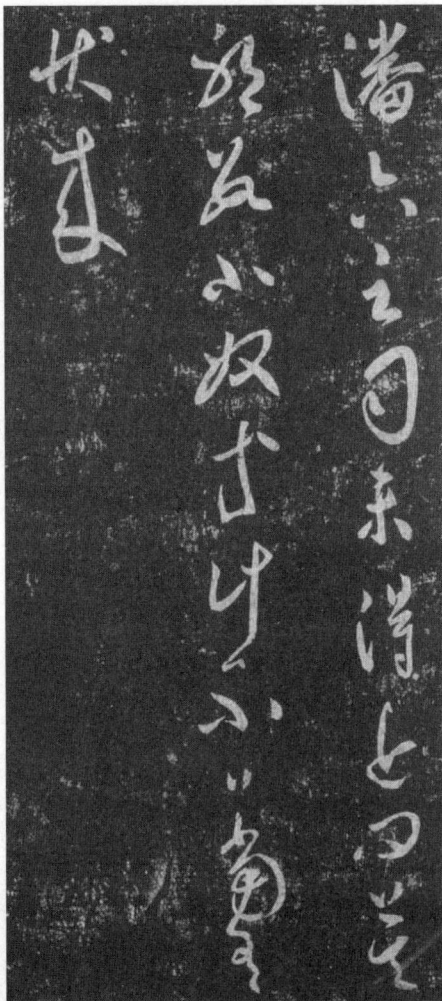

图3-11 虞世南《潘六帖》（书法赏析）

图3-12 虞世南《贤兄帖》（书法赏析）

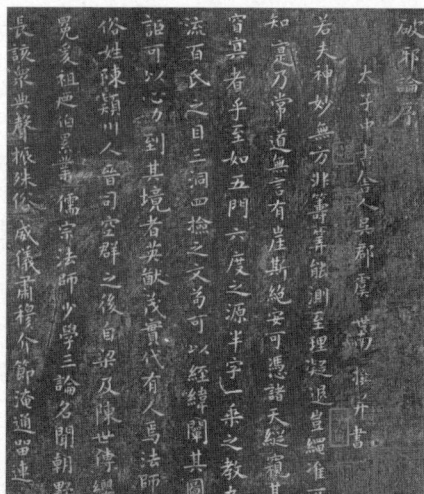

图3-13 虞世南《破邪论序》局部
（书法赏析）

流传至今。

二、书之道比较

如果说，书之技是对创作实践的总结，那么，书之道则是对书法的艺术特质和创作规律的理论探讨。

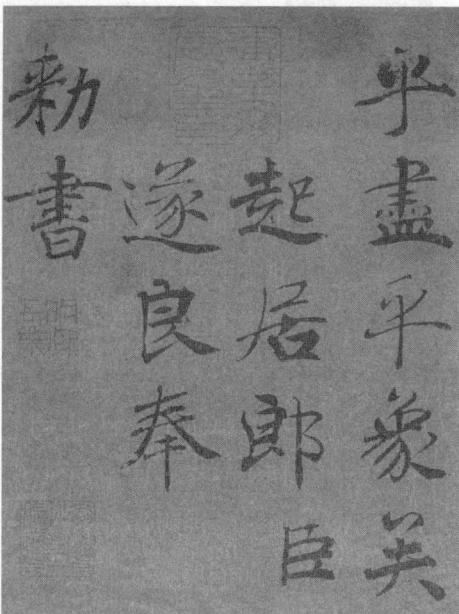

图3-14 褚遂良《大字阴符经帖》局部
（书法赏析）

欧阳询在创作实践中对书法艺术特质的认识较前人深入了一步，这主要表现在《用笔论》中，结合用笔阐述了书法艺术与现实生活的关系问题。他已经不再是笼统地讲气道孕生、阴阳成象之理，而是主张"观寥廓兮似察，始登岸而逾好"。书法的一切运笔结体之理，好像都是从辽阔的宇宙自然中做了广泛的考察获得，虽然不是临时有心去做专门的考察，却又确实是"观寥廓"而形成形象创造的心理依据。因而，书家就应该从寥廓的天地万物中获取书法形象创造的契机，以化为心灵创造。只有这样，才能登艺术之堂奥，达到美的境界。

与欧阳询相较，虞世南对书之道的阐

释，主要表现在两个层面上。

其一，他继承了自蔡邕以来"随意所适"的书学思想，并将《周易》"立象以尽意"的造字思想化为书学原理，提出要"解""悟""书意"。所谓"书意"，是指书家本来是基于自然表象而确立书写之意，所立之象并非具象，乃是一种意味之象。它若飞若动，若起若卧，有生命的动态意味，是追求生命意味的意象。而书法的意象之美不美，在于以线条走向的动态映现出生动的"书意"。这就将"意"的内涵进一步加以扩大，也更加深化，从而构成中国书法美学上一个专用名词，促使书法从技巧层面的美学追求向艺术的内涵转化。这不仅为认识书法的内涵奠定了理论基础，也在实践上为狂草这一写意书法的诞生提供了启示。

其二，虞世南将儒家的艺术观渗透在书法之中，提出了"冲和"之美。《论语·雍也》云："中庸之为德也，其至矣乎。"中庸即用中，也就是在处理任何事物时不走极端，求其适中。在《笔髓论》的"契妙"一节中，虞世南将孔子所提出的"中庸"原则，作为冲和之美的哲学基础，提出了"写心"的观点。认为"心悟非心"，并不是心里会构想出什么道理，而是通过观察、体验，领略自然之妙随意而生。他把书法当作生命意蕴来观照和创造，而且把书法的创造归结为创作主体的心神和志气，又将这种心神和志气的形成，放到"禀阴阳""体万物"上，通过感悟和求知于自然万物，而后产生书写的动机，构成书体，再达其性

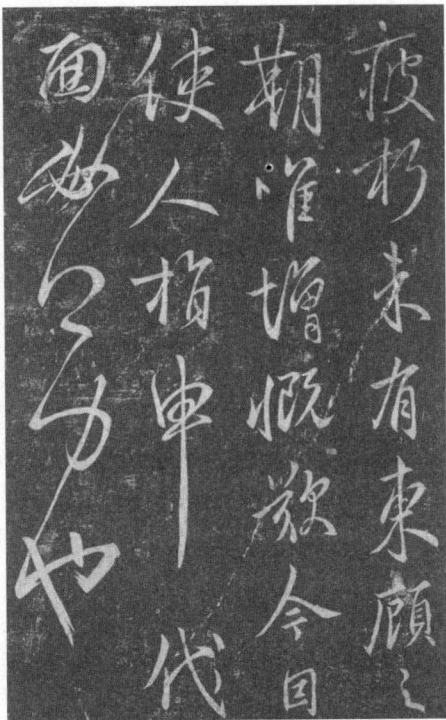

图 3-15　虞世南《疲朽帖》（书法赏析）

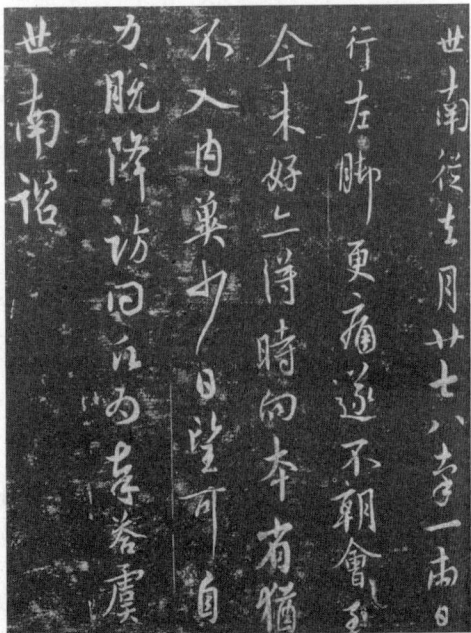

图 3-16　虞世南《去月帖》（书法赏析）

情，通其变化，不主故常。这就生动准确地揭示出书法观念、书写行为、书法美学思想形成的奥秘。同时，虞世南又指出，契于妙的方法是"心正气和"，而"正者，冲和之谓也"。书法的技法理论本是一种物质上的规定规范，儒家的冲和之美则构成一种精神规范。虞世南的"心正气和"说，具体表现在"欲书之时，当收视反听，绝虑凝神"，"必在澄心运思，至微妙之间"，只有这样才能"心悟于至道，而书契于无为"。虞世南这种对合辙于法度却又能超越于法度的努力，将书家书意的超越与神、思联系在了一起。

在南北朝时期，文艺理论家就已经开始将先秦时期道家的养气观和深思观，运用到对文学创作现象的探讨中。《庄子·天道》即谓："水静则明烛须眉，平中准，大匠取法焉。水静犹明，而况精神？圣人之心静乎！天地之鉴也，万物之镜也。"① 刘勰据此在《文心雕龙·神思》中加以发挥："文之思也，其神远矣。故寂然凝虑，思接千载，悄焉动容，视通万里……故思理为妙，神与物游……是以陶钧文思，贵在虚静；疏瀹五藏，澡雪精神。"这就是说，在艺术思维的过程中，只有凭借"虚静"才能"神与物游"，才能"思接千载"，才能"视通万里"。达到这一状态，便可谓"感而遂通天下之故"，"寂然而不应"了。此后，萧子显说自己"每有制作，特寡思功，须其自来，不以力构"，"若乃登高目及，临水送归，风动春朝，月明秋夜，早雁初莺，开花落叶，有来斯应，每不能已也"②。欧阳询对书法艺术与现实生活关系的阐释，虞世南对创作心理学的论述和"冲和"之美的提出，显然是六朝以来的养气观、神思观在书法创作论中的发挥，也直接启发了孙过庭在《书谱》中更深入的论述。

---

① 张耿光：《庄子全译》，贵州人民出版社，1991 年。
② 〔南朝梁〕萧子显：《梁书·萧子恪传附子显传》，中华书局，1974 年。

第五节　继承与创新之比较

欧阳询的书法美学观与其他初唐三家之不同处，在对继承与创新关系的理论认识和实践处理上，也集中地表现出来。

古今中外的艺术史表明，就艺术本身的内部规律来看，任何艺术的发展都是在前代已经取得的成就的基础上，根据所处时代的文化背景和审美趋向，在不断地创新中得到发展的。事实证明，没有对前代成就的继承，就失去发展的基础；没有创新，就不可能得到发展。任何成功的艺术家，都是站在巨人的肩膀上，攀登上新的历史高度，从而为时代提供新的精神产品。

欧阳询的晚年，进入被后世称颂的"贞观之治"时代。此前，文学艺术的发展，无论是诗歌还是书法，都已经呈现出兼容南北的健康趋向。也就是说，时代已经提出了创新的要求。唐太宗继位后尽管推行了许多新的文化政策，弘文馆中收藏经、史、子、集二十余万册，天下饱学之士在此讲论文义，初唐文化应该承前启后，呈现出别样的繁荣。但初唐统治者却醉心于六朝风流，一味推扬王羲之秀约典雅的书风，将其奉为"书圣"，这就使得当时书坛全盘因袭晋风，魏晋六朝的绮丽之美左右着当时书家，笔下呈现出来的更多是守旧的遗习。

应该说，初唐的这种美学风尚并不同于魏晋六朝的绮靡之风，而具有"秀骨清相"的审美内涵。李泽厚先生在《美的历程》中即称赞说："与唐诗一样，唐代书法的发展也经过了一个过程。初唐的书法，就极漂亮。"漂亮倒是漂亮，只是缺少了雄强博大的气势，与这个生气勃勃、大有作为的时代显得极不协调。

图 3-17　虞世南《孔子庙堂碑》局部

在这种时代风气的影响下，虞世南的书法便亲承智永的传授，笔致圆润遒逸，萧散洒落，"尚有六朝人余韵"①。《孔子庙堂碑》（图3-17）作为其代表作，笔致清逸，气韵生动。其行草书作《汝南公主墓志》，也飘洒婀娜，风姿绰约，大有王羲之《兰亭序》之意趣。褚遂良的书法也从王羲之出，兼学虞世南之书风。他的《兰亭序》临摹本（图3-18）形神俱似，深得原作之神韵。其作《雁塔圣教序》最有自家之法，运笔秀逸婉约，姿态稳健生动，气韵、笔致直追晋人。《唐人评书》称褚遂良之书"字里金

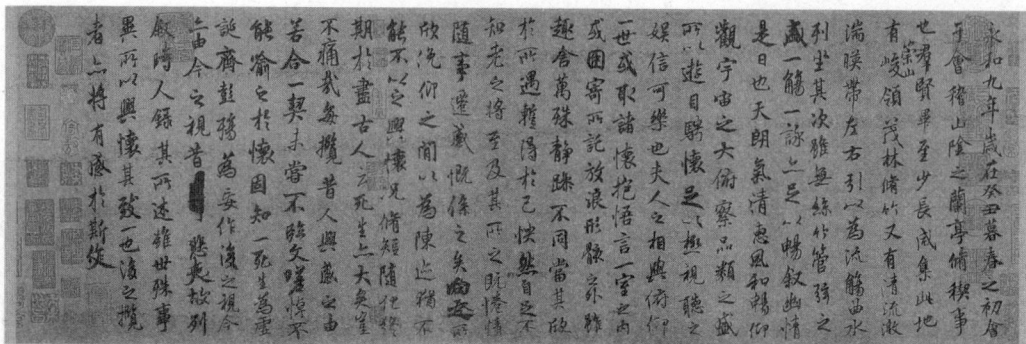

图3-18　褚遂良摹《兰亭序》卷

生，行间玉润，法则温雅，美丽多方"，便是对褚书风格最准确的概括。世称"薛少保"的薛稷，是贞观名臣魏徵的外甥。魏徵所收藏的虞世南、褚遂良的书作甚多。《广川书跋》言薛稷师承血脉，于褚遂良为近。所谓"买褚得薛，不失其节"，足见薛稷书风纤丽疏通的特点。

看来，初唐这三位书家都是东晋六朝书风亦步亦趋的继承者。但是，欧阳询尽管与虞世南、褚遂良、薛稷并称为初唐四大家，却在书论和书法创作中既继承前代书法的优良传统，更立足于时代而重创新。其书风险劲凌厉，与并称的虞世南等其他三家大异其趣。他不像虞世南、褚遂良等沉醉于南方神韵温丽的书风，而更多地从南国帖书取韵，以北朝碑书之规矩严整为骨。《唐书》本传中即指出

①　陈振濂：《品味经典》，浙江古籍出版社，2006年。

欧阳询初效王羲之书法，后来书风之险劲过之，因"自名其体"。以至尺牍所传，时人奉为法规。说明欧阳询在继承南帖温厚、妩媚书风的基础上，也吸取了北朝雄强博大的书风，为初唐书法艺术的画廊增添了崭新的美学元素。因此，欧阳询兼容南北的书学风格，在初唐书坛上显得卓然不群。

一、关于继承之比较

中国艺术史上盛称"唐诗晋字汉文章"。东晋南朝的书家，尤其是"书圣"王羲之以其尽善尽美的法书，确实是中国书法史上的一座高峰，连一代雄主唐太宗也以帝王之尊对其高山仰止。就书家而言，绝不能无视，而必须站在这座高峰上，才能攀上更高的高峰。否则，空谈超越，显然是痴人说梦。

图 3-19 薛稷《信行禅师碑》局部（书法赏析）

在初唐特定的文化背景和艺术氛围中，初唐四家都是从王羲之入手，都对"二王"书法所体现出的审美情趣下过一番苦功夫。在唐太宗的倡导下，欧阳询和褚遂良都曾临摹过王羲之的"天下第一行书"《兰亭序》。但从当时的影响和后来的书风来看，虞世南下的功夫最大。他曾求教于王羲之的七世孙智永，其书法用笔得王羲之之法，书体遒美，外柔内刚，姿态潇洒，内力沉厚，可谓深得王氏嫡派真传。太宗钟情于王羲之，酷爱王书，当虞世南将所书《孔子庙堂碑》拓本进呈时，唐太宗将一枚王羲之黄银印赏赐于他。虞世南死后，唐太宗感叹无人可以论书，似乎将虞世南看作王羲之书法的传人。

当唐太宗感叹无人可以论书时，魏徵推荐了褚遂良。

图 3-20　欧阳询摹《兰亭序》（书法赏析）

太宗所论之书，只能是王书。看来，只有褚遂良能够与太宗讨论王书。也说明褚遂良对王羲之书法继承有余，所以魏徵才说他落笔劲健，很有王羲之书法之味。"买褚得薛，不失其节"，薛稷书法之味，也不会与褚遂良和王羲之差距太大。

欧阳询也侍书于太宗身旁，他没有从太宗那里得到虞世南的这两项殊荣。说明他对王书的继承不如其他三家。他除对王羲之有所继承外，也吸取了北书的用笔、结体特点。

这就是说，同样是继承，欧阳询是转益多师，其他三家则术业专攻。

二、关于创新之比较

继承的目的，不是重复前人，即使中规中矩，不敢越雷池一步，达到可以乱真的程度，也只能是被后人所贬称的"书奴"。继承是为了创新，在前人的基础上写出自家面目，开一代新风，这才是卓然大家。

当然不必将虞世南等初唐其他三家刻薄地称作"书奴"，他们毕竟立足于初唐，在楷书领域中展示出与王羲之不完全相同的面目，这从他们的代表作如虞世南的《孔子庙堂碑》，褚遂良的《房玄龄碑》（图 3-21）、《雁塔圣教序》、《孟法师碑》（图 3-22）、《小字阴符经》（图 3-23）和薛稷的《信行禅师碑》中就可以得到印证。但是，他们毕竟是继承大于创新。

图 3-21　褚遂良《房玄龄碑》局部　　　图 3-22　褚遂良《孟法师碑》局部

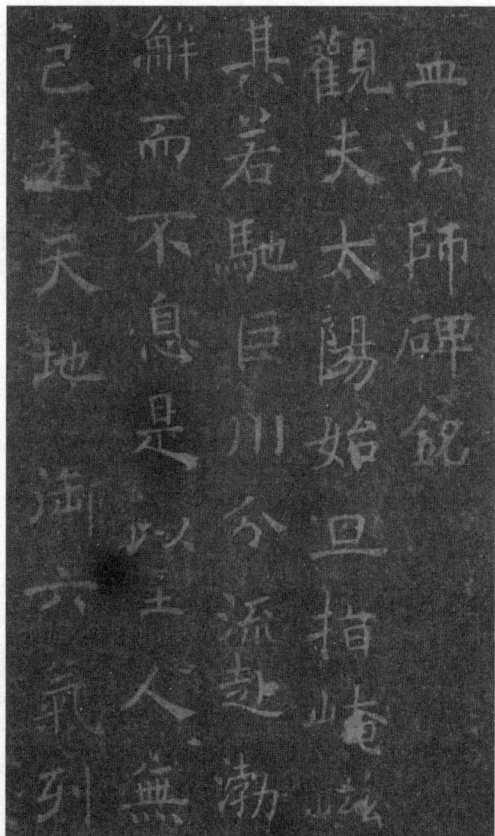

　　如果将欧阳询的楷书《九成宫醴泉铭》《化度寺碑》《温彦博碑》与王羲之楷书相较，无论用笔、结字、章法都大异其趣，因为书中多了北碑的意趣。将他的行书《仲尼梦奠帖》《张翰帖》，与王羲之的《兰亭序》相较，其书笔力刚劲，如孤峰崛起，四面削成，纯是欧公本色。他的《房彦谦碑》采用的隶书体是王羲之从来没有涉猎过的，就是与汉隶和晋人的散隶也不可同日而语，因为他是以楷书笔法尤其是北魏方笔格调写隶书躯壳。传统的隶书用笔少顿挫，他则多用之；隶书尚圆润，他则多描头画角；隶书结体取扁，他则用力；隶书走横势，他则如楷书的八面出锋。从而，给传统的隶书提供了全新的面目。

　　这正是欧阳询转益多师的结晶。

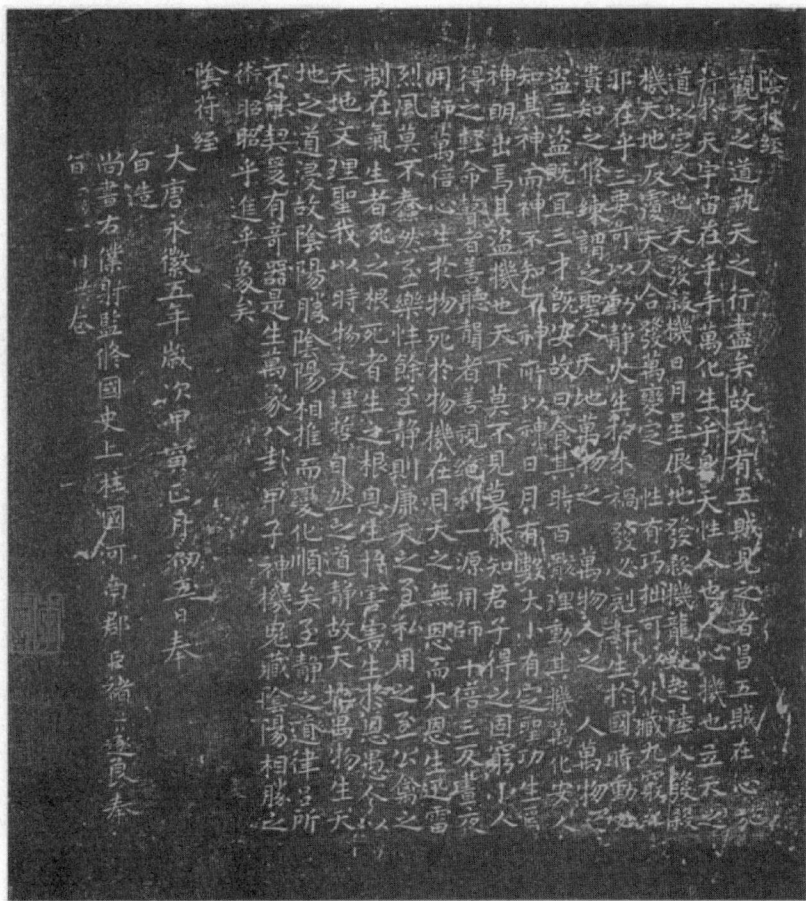

图 3-23　褚遂良《小字阴符经》局部

第六节　重法尚意与重意尚韵之比较

　　清人梁巘《评书帖》所谓"晋人尚韵，唐人尚法，宋人尚意"，可谓不刊之论。晋人所尚之"韵"，指的是气韵、神韵。晋人受老庄思想影响，行为放浪不羁，思想超逸洒脱，力图摆脱世俗观念，从而使自己的节操、气概，显示出一种超然世外的神态、状貌和风度。表现于书法，则为清远、冲淡、潇洒，余味无穷，即谓之"韵"。这是一种理想的美，是中国抽象艺术、写意艺术最重要的特征。唐人所尚之"法"，指书法形式美方面的法则，即造型规律，唐人为楷书的用笔规律、结体范式制定出后世难以超越的法则，具有均衡、秩序的美，每一笔之间都有毫厘不可移动的法度。宋人所尚之"意",是对唐人那种压抑个性感情的"法"的逆反,强调书家的主观意识,并将其情感、趣旨和审美理想在书法中表现出来,从而使艺术进入到一种新的创造的境地之中。如果说"法"是让主体去适应既定法规,那么"意"更强调主体的作用。

从初唐四大家总体来看,唐人既能瞻前,也能顾后,欧阳询重法尚意,其他三家则重意尚法。

一、重法与尚意之比较

对"法"与"意"的不同追求,也是欧阳询书法美学观与初唐三家之不同处。应该说,任何艺术形式都是法与意的结合,无法即无意。关键是其法与意有不同的内涵和追求。文学中《诗经》与《楚辞》之法不尽相同,或用四言以赋、比、兴,或用骚体借香草美人以比兴;其意也有所不同,或"饥者歌其食,劳者歌其事",或"发愤以抒情"。陶渊明诗与隋唐律、绝之诗法不同,或仅用五言平平道来,或用五七言讲究严格的声律对仗;其意,即所抒写的感情、所创造的意境也就不同。书法亦然。谁能说魏晋之书无法?关键是钟、王之法不同于颜、柳之法而已。构建魏晋"小桥流水人家"之法,难以展现大唐"九天阊阖开宫殿,万国衣冠拜冕旒"的气势。人说,大唐之大,大在心态,大在气势。而所谓的魏晋风流,不同的正是这种心态和气势。唐书之法,就是为展现大唐王朝雄浑的气势、大唐人开放的心态,即唐书题中应有之义。因而,需对书法用笔、结字、章法做精心探求并严格要求。

欧阳询以自己的楷书为整个唐代书法艺术确立了法度。他对书法结构艺术中诸多艺术元素辩证关系的准确归纳,在作品中也都完美地体现出来。他的书作《九成宫醴泉铭》《化度寺碑》,在结体上都有着严密无懈的空间美的表现,书风代表了初唐对北朝书风承继的一派,将洒脱肆意的书法意象美纳入严整规矩的法度之内,形成含蓄自然、刚柔相济的"中和"之美。屈原曾经感叹"众人皆醉我独醒",因为艺术的先知先觉,并不是每个艺术家都能具有的。初唐四大家中的其他三家,在艺术见解上,与欧阳询就有很大的不同。

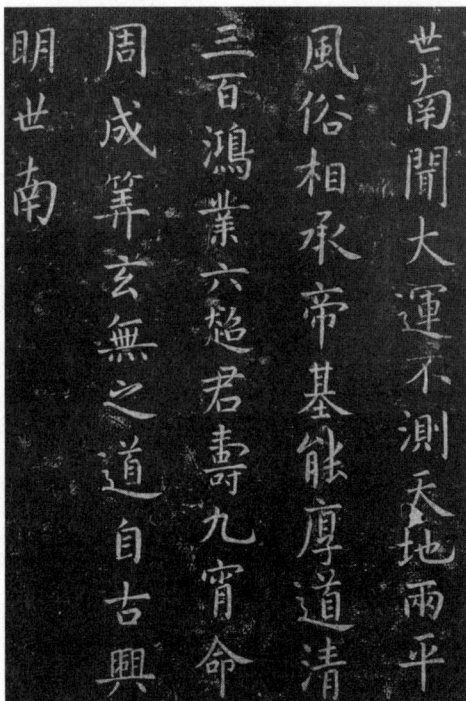

虞世南等初唐三家,更多地追求书法之"意"。虞世南的书风,就体现了一种内敛之美。正如清代书法家包世臣在《艺舟双楫》中所谓"永兴如白鹤翔云,人仰丹顶",是指他的字体馨逸安和,处处表现婉丽的趣味,在其意象化的书风中平添许多天然的情感。在其书法中,处处可见灵动之美,意象之美,在运笔的回返往复中完成一个个舒卷自如的造型。虞世南是追求造型意味的书家,褚遂良展示的则是来自于笔意的华美,他临摹的《兰亭序》与原作线条神似。不同于欧阳询严谨凌厉的笔法,褚遂良笔意洒脱优美,萧散恬淡,极尽线条的风流。今人刘墨先生认为:"褚遂良书作的笔墨线条中孕育着书家的生命意识,誉之为'线条大师'。"① 褚体楷书正是在线条中探索寻求明净媚好的意象之美,甚至在字的体势上也加入很多晋人的风度。可以说,褚遂良"是最深刻地理解晋人致韵的书家,并将这种风韵也表现在自己的书作之中"②。

至于薛稷,《新唐书》称其"外祖魏徵家多藏虞、褚书,故锐精临仿,结体遒丽,遂以书名天下"。其《信行禅师碑》结体全取褚遂良风格,线条细劲,铁画银钩,戈法森厉,骨法开张,自然流露出清雅娟秀的神韵。与褚遂良相比,少了一段寓刚于柔之意,但却在点画钩格方面具

图3-24　虞世南《大运帖》（书法赏析）

①②刘墨：《优美的褚遂良风格》,转引自《中国书画名家精品大典》,浙江教育出版社,1997年。

有南派尚意的书法风格。前人将其比作"青琐瑶台"，指的是他呈现出一种琳琅繁华精细优雅的格调。

二、尚意与尚韵之比较

欧阳询不仅致力于确立书法之"法"，而且将书法之"意"也纳入到法度之中，对书法的抽象美做了精细的雕琢。看似相反相成的书法的"法"与"意"，遂天衣无缝地融合于欧阳询的书作及书论之中。

古今书论家已经认识到，意象"是中国传统艺术的造型法则"①。实际上，诗歌、音乐、绘画、雕塑、舞蹈以至戏剧，无论哪种艺术形式，追求的最高艺术境界，就是象外之意，亦即意象。书法艺术也概莫能外。古今书法家追求的最高境界，书论家鉴赏前代法书的最高标准，也就是意象之美。张怀瓘在《书断》中以游天的"云鹄"、戏海的"群鸿"描绘钟繇之书，以跳天门、卧凤阙的龙虎描绘王羲之的书风感悟。这种形象化的语言描述，传达出书论家从钟繇（图3-26）、王羲之的书作中（图3-27）感受到的书法艺术的意象之美。初唐的虞、褚、薛等书家，各自具有其独特的意象语言，欧阳询的书论同样是从形象描述中感知用笔之法的韵致，言外含不尽之致。论及欧阳询的书作，张怀瓘喻其"有龙蛇战斗之象，云雾轻浓之势，风旋电激，掀举若神"②，深得意象之美。

书法艺术的审美特点就体现在它的意象美。"有唐一

图3-25　褚遂良《伊阙佛龛碑》局部（书法赏析）

---

① 钟明善：《谈艺录》，陕西旅游出版社，2001年。

② 〔唐〕张怀瓘：《书断》，转引自《历代书法论文选》，上海书画出版社，1979年。

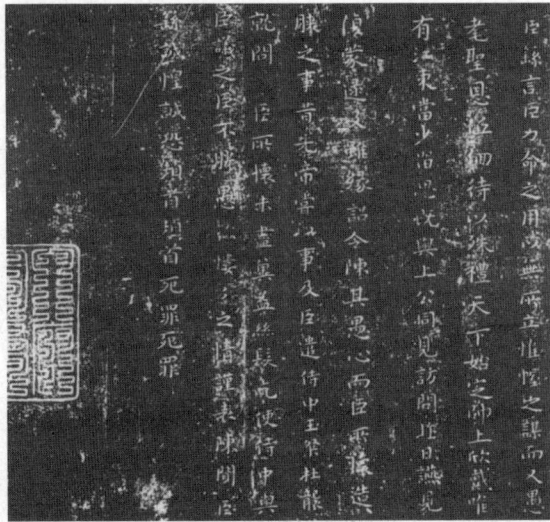

图3-26 钟繇《力命表》

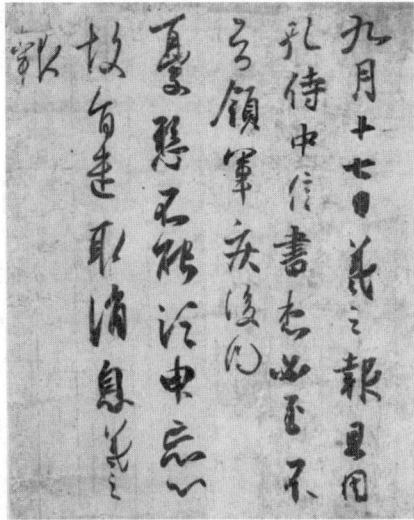

图3-27 王羲之《孔侍中帖》

代，无论是楷书大家，'虞、欧、褚、薛'、'颜、柳'，还是草书大家'颠张醉素'，无一不受这一审美观念的影响。"①

在建立书法之"法"时，欧阳询在《结字三十六法》中探讨了楷书的结构规律，以及由线条所构成的艺术空间，分析了墨的"淡"与"绝浓"、运笔的"肥"与"瘦"、结体的"轻与重、方与圆、虚与实、纵与收、连与断"所产生的不同的审美效果，力求相反中的均衡，险劲中的平整，相斥中的中和，处处孕育着"意"的审美理想。

初唐四大家中的欧阳询重"法"，自觉适应自己建立起来的既定法规，其楷书自是法度森严的，风格最为强烈，方正峻厉的风貌最为明显。但是，欧阳询的书学意境中，也有着对"意"的追求，强调主体对庄严美的追求，故其书既得古拙厚重之气，又兼俊丽典雅之味。其书的"法"中之"意"，可以说开了"宋人尚意"的先河，只不过与宋人所尚之意具有不同的内涵而已。

---

① 钟明善：《中国书法文化根性的超越》，《书法报》，2003 年第 3 期。

初唐其他三家，则着重于对晋人所尚之"韵"的回归。虞世南继承了自汉代以来"随意所适"的书学思想，明确地提出"书意"的概念，而且强调要解、悟"书意"。他尽管没有对其做程式般的具体规定，却在点画结构的长短、曲直、方正、大小中追求生动的形象意味，并且从其"书意"的基本观念出发，揭示出真、行、草三种书体的审美特征。他在创作实践中则"尚韵"，力图在笔墨线条中表现自己儒家君子的神态、状貌和风度。前人谓"虞则内含刚柔，欧则外露筋骨"，虞世南的《孔子庙堂碑》在一切方面都强调"藏"，被誉为"君子书法"，"确有一股不食人间烟火的静穆气息"①。这毕竟是讲究法度的楷书，其行书《汝南公主墓志》的书风是纯粹的"二王"旨趣，王世贞称其"萧散虚和，风流姿态种种，有笔外意，高可以并《兰亭诗叙》"②，以至于有人将其混同于专精大王的宋人米芾书法，指此为米南宫所书。但是仔细玩味其行气笔势，并非尚意的宋人所能为，因为其中将魏晋之韵表现得更为真切。

有人曾指责欧阳询"人虽处在盛世，书法却缺少大唐盛世开宗立派的磊落雄风"。这是对欧阳询的苛求，因为他是处在初唐的冷暖交接期，其书兼容南北，"有几分南朝的秀颖，也有几分北朝的峻厉"③，已经完成了时代提出的任务。"大唐盛世开宗立派的磊落雄风"，那个历史任务是要颜真卿来完成的。不过，认为笔墨当随时代，这个认识是正确的。而用这个标准来衡量虞世南，人处在初唐新的历史时期，却要在书作中回归晋韵，是否有点不合时宜呢？

---

① 陈振濂：《品味经典》，浙江古籍出版社，2006 年。

② 〔明〕王世贞：《弇州山人四部稿·续稿》，台湾商务印书馆，1986 年。

③ 陈方既、雷志雄：《书法美学思想史》，河南美术出版社，1994 年。

第七节　风格质与妍之比较

欧阳询在对书法风格质与妍不同的追求中，表现了与初唐其他三家不同的美学观。

在《书谱》中，孙过庭论及古今书风，认为"古质而今妍"。质，即质实、质朴；妍，指妍丽、妍媚。无论是何种艺术形式，都可以形成和映现出这两种不同的艺术风格。作为两种不同的艺术风格，无论是"质"还是"妍"，都有着各自不可相互替代的独特的审美价值。就这两种艺术风格来说，无论是"质"还是"妍"，本无所谓高下，更没有对错之分。就"质""妍"风格本身来说，是有粗细、文野之分的。但某位书家是长于质还是长于妍，某篇书作呈现出来的是质还是妍，又并非书家所刻意为之。它不但是书家个体人文艺术综合修养的结晶，也是不同的社会环境和思想文化背景作用于艺术的派生物。

所谓"古质"，是指魏晋南北朝时期南北分裂，书家无法进取而从仕途上退步抽身，放浪形骸，其书重在抒写心性，故不求作秀而呈现"质"的一面。"今妍"，则指初唐国家统一，经济繁荣，书家积极进取，社会生活丰富多彩，南北不同的文化艺术日益融合，艺术风格也就呈现出所谓的"妍"。王国维先生在《宋元戏曲史序》中认为，"凡一代有一代之文学"，"皆后世莫能继焉者也"。其他艺术形式也是这样。李泽厚先生认为，汉代的工艺和辞赋，魏晋六朝的骈体文和雕塑，宋元的词曲，明清的戏曲和小说，表明不同的历史时期产生的不同艺术品种，不同的艺术品种也就映现出不同历史时期的文化背景。而作为唐代文学艺术代表的书法与诗歌，在初唐、盛唐、中唐和晚唐不同的历史阶段，也呈现出不同的艺术风貌。初唐时期，以张若虚、刘希夷作为诗风的代表，虞世南、冯承素、褚遂良、陆柬之作为书风的代表，诗歌与书法呈现出来的共同风格特点是"轻盈华美、婀娜多姿、风流敏丽，

或婵娟春媚，云雾轻笼，或高谢风尘、精神洒落"①，有
《春江花月夜》式的"当时年少春衫薄"的风流。孙过庭
用一个"妍"字概括了在初唐的美学风尚中，各种艺术门
类尤其是书法所呈现出来的美学特点的一致性，可谓中的
之言，准确至极！

一、古质之比较

初唐诗歌与书法风格的一致性，都受其时代风尚的影
响。此前因为南北地域文化的差异性，南北的美学思想也
不例外地存在差异性。北地"尚武"，无论是诗歌还是书
法的美学风格都是豪迈雄壮，古朴淳厚，即所谓"质"；
南国自东晋至南北朝遗留的"靡靡之音"，即所谓"妍"。
影响之于文学尤其是诗歌，便显得"江左宫商发越，贵于
清绮；河朔词义贞刚，重乎气质"。书法中的南帖与北碑，
也分别体现出质与妍的不同风格。

南北朝后期至隋代，随着国家的逐渐统一，无论是诗
歌还是书法，已经开始逐渐将南国之"妍"与北地之
"质"兼容一体。这一趋势在初唐却出现逆转，重在
"妍"而漠视"质"。直至盛唐之后，诗风、书风才将南
方之"妍"与北方之"质"充分兼容，那已经是杜甫和
颜真卿的时代了。如果说，陈子昂在幽州台上，在《修竹
篇序》中，为唐诗的振兴大声疾呼，将汉魏风骨体现在自
己《感遇诗》三十八首的创作之中，那么，欧阳询的贡
献，就在于为质、妍书风的南北兼容，从创作实践和书学
理论两方面做好了准备。

较之虞、褚、薛等初唐三家，欧阳询本来就诞生、成
长在南国文化艺术的土壤中，因而并不排斥南书之"妍"；
但其艺术眼光和美学追求具有前瞻性，他立足于新的时
代，植根于长安的文化底蕴，敏锐地把握住时代发展的走

---

① 李泽厚：《美的历程》，天津社会科学院出版社，2001年。

向，因而继承了北地书风的刚劲朴茂、规矩严谨，因而书风质妍兼容。钟明善教授曾指出："魏晋风度中所蕴含的'刑名''玄淡''通脱'等士人气质和人生态度，就是当时以'二王'为代表的书风所以能够形成的思想基础。"①欧阳询晚年所置身的初唐时期，不同于王羲之的东晋时代，他既不可能完全克隆也不可能彻底抛弃王体书风的妍。他要写出自家面目，只有将质妍二者兼收并蓄。

欧书质朴妍美的艺术风格，体现在书法之"法"与"意"这两个互生的艺术元素之中，也植根于独特的历史环境之中。本来在初唐时代，原本在对立中各自独立的南国北地，已经统一在帝国的疆域之中，关键是看艺术家是否有这种意识。欧阳询是可贵的，他将北派碑书之"质"和南派帖学之"妍"加以融会变通，其书作尤其是楷书用笔的方圆而奇崛，结体的疏朗而严谨，气韵的清雅而疏通，法度的规范而森严，体现的就是这种融会变通。较之前代，欧阳询如"深山至人，瘦硬清寒，而神气充腴，能令王者屈膝，非他刻可方驾也"。②凡此种种，非变通而何？

欧书的《九成宫醴泉铭》《皇甫诞碑》（图3-28）两碑用笔紧致内敛，沿袭魏碑及隋碑瘦劲的书风，是欧阳询"重法"的代表作。而《仲尼梦奠帖》（图3-29）则是欧阳询突出"尚意"的书作。此碑笔致俊朗圆润，字形狭长，尤现秀丽舒展，章法气韵灵动洒逸，充满平和润雅的意象美。通观欧阳询的书作，都是"法"中有"意"，"意"中取"法"，既有南书的秀颖，也有北碑的峻厉，从而将质与妍融为一体。较之诗歌，则如庾信在南北朝后期自梁陈而北入西魏、北周而

图3-28 欧阳询《皇甫诞碑》局部

---

① 钟明善：《中国书法史》，河北美术出版社，2002 年。
② 张弘：《欧阳询书法鉴赏》，远方出版社，2004 年。

倡导南北诗风的融合，初唐陈子昂呼唤将汉魏诗歌的风骨兴寄与永明体的声律对仗结合，以振兴诗风，从而"创造了中国诗歌最健美的典型"①。

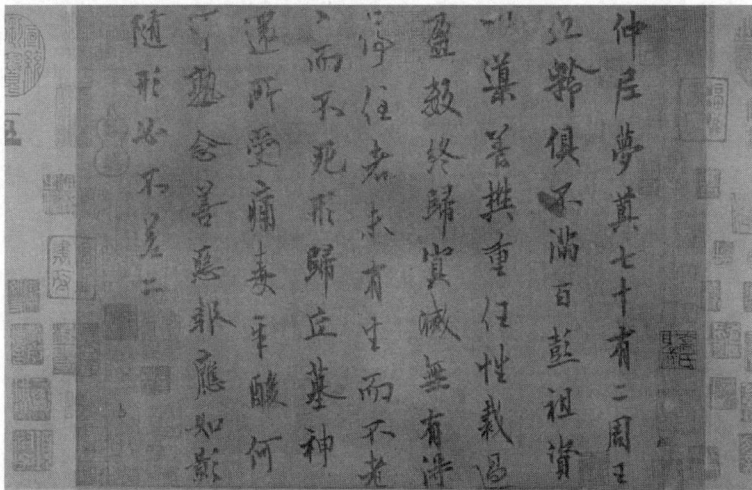

图 3-29 欧阳询《仲尼梦奠帖》

欧阳询书作的这种美学风格，对初唐书法艺术的健康发展是有独特建树的。他从风骨到意境，从长乎"法"到吸取"意"，使其书风也兼容南北，质、妍互重。这是初唐四大家中的其他三家所无法企及的，也为盛唐时期颜真卿在书法艺术上的再造辉煌做了有益的铺垫。

二、今妍之比较

初唐四家中，虞世南的书风是南派的典型代表，南妍多于北质，典型地代表着孙过庭所谓"今妍"的追求。其楷法源自东魏《高彦造像记》的温婉秀丽，风姿绰约。清代书法家周星莲在《临池管见》中谓："王右军、虞世南字体馨逸，举止安和，蓬蓬然得春天之气。"南派的"妍"即婉雅之趣，在虞世南的书学风格中极为明显。他的用笔、结体乃至气韵无不意趣横生，在南派妍润书风盛行的唐初可谓极尽风流，因而深得热衷于"二王"的唐太宗的

---

① 袁行霈：《袁行霈学术文化随笔》，中国青年出版社，1998 年。

器重，将其引为可与"论书"的同调。

虞世南以其书作中所蕴含的"意"，形成"妍"的艺术风格；褚遂良在此基础上更为深入地探求用笔之"意"，其"妍"的书风表现在笔致华美，更独具一格。褚遂良笔法精美，今人誉其"用笔就像舞蹈艺术家那灵敏的脚尖，在舞台上纵横自如、舒卷自如，在轻灵飞动的连续动作中，完成一个又一个美的造型"①。在他的精心之作《雁塔圣教序》中，用笔轻重缓急、偃仰起伏，书作线条体现出书法之"意"，呈现出"妍"的意味，因此，今人从褚遂良书作的笔法与体势上，断定他是直接承继晋人风度的。在同时代的书家中，褚遂良也是"最深刻地理解晋人韵致的书家"②。而薛稷尽管得到欧阳询、褚遂良、陆柬之的遗墨至备，似乎于法可据，"然其师承血脉，则与褚为近"③。其书作《信行禅师碑》用笔清健，笔致起落紧俏，自然流露出无限意味。总之，初唐这三家都是崇尚今"妍"的代表，都在自己的书作中追求"意"的韵味；但对古"质"的追求都不及欧阳询。欧阳询在"妍"的基础上，着意尝试和认真总结"质"，使其书作充盈着鲜活的艺术生命力。他同陈子昂一样，热切地呼唤着新的历史时代的到来。如同陈子昂在诗坛上得天下风气之先，欧阳询在初唐书坛上是卓然独立的。

①②刘墨：《优美的褚遂良风格》，转引自《中国书画名家精品大典》，浙江教育出版社，1997年。

③〔宋〕董逌：《广川书跋》，转引自《历代书法论文选续编》，上海书画出版社，1993年。

第四章　欧阳询书法风格之美学特质

　　艺术风格是作为创作主体的艺术家，将自己对于天地自然、人类社会的观察领悟所得，借助于各种艺术手法，形象地展现在作为创作客体的艺术作品中。它是主体的艺术个性与客体的艺术特色在完美统一中所形成的总体艺术特点。

　　书法作品的艺术风格与其他艺术门类具有不同的特点。其他艺术门类如文学是具象的，作家将自己对于描写对象的感悟，借助于艺术形象的创造表达出来。其在形象塑造中题材的选择、主题的提炼、结构的安排、手法和语言的运用，给读者营造出整体的审美感受，便形成了自己的艺术风格。书法作品是抽象的，书家由于个体的遗传机制、生活经历、艺术素养和个性特征的不同，在选择书体、表现手法和驾驭书法艺术语言诸方面具有自己的特色，这就形成了不同的艺术风格。

　　书法作品的艺术风格，来源于书家的气质在作品中呈现出独特的整体风貌，造成独特的艺术境界，具体表现在作品的结体、用笔和章法的各个层面。结体上颜字的开阔，柳字的紧收，张旭的狂放，黄庭坚的奇崛，都清楚地映现出书家的个性和艺术的特色；用笔上，如王羲之的内擫，王献之的外拓，颜筋柳骨，蔡勒米刷，都有其鲜明的特点；章法上董其昌的舒阔，徐渭的茂密，张瑞图的行距大于字距，陆维钊的字距大于行距，都给人鲜明的

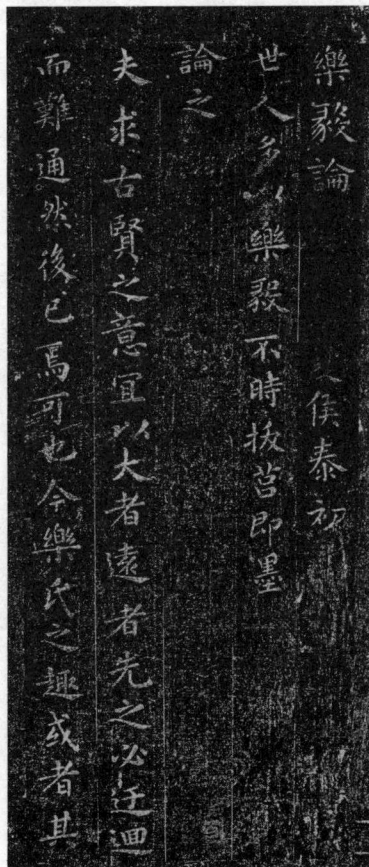

图4-1　王羲之《乐毅论》局部
（书法赏析）

图 4-2　王献之《洛神赋》局部（书法赏析）

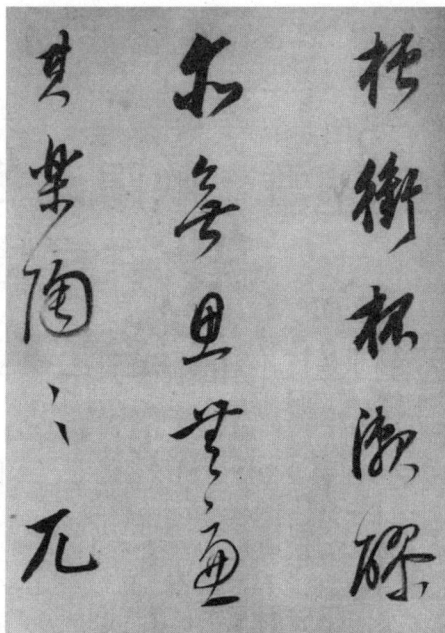

图 4-3　董其昌《酒德颂》局部（书法赏析）

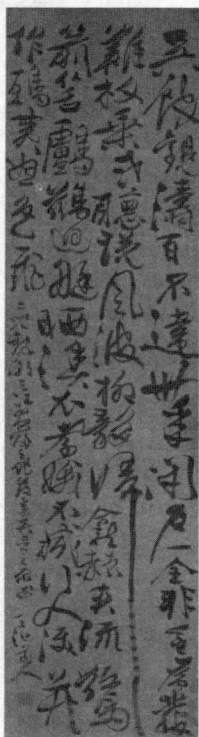

图 4-4　徐渭《三江
夜归诗轴》（书法赏析）

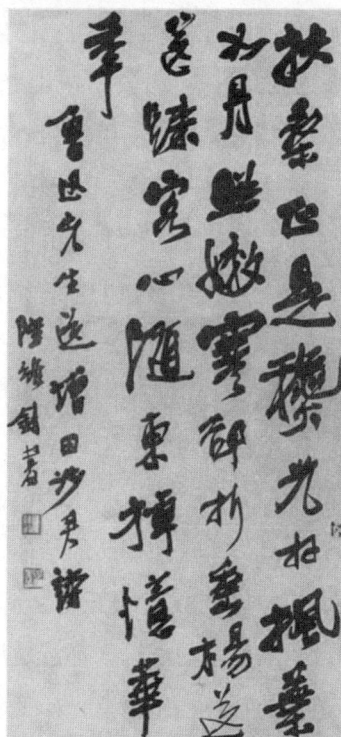

图 4-5　陆维钊《录鲁迅送增田涉
君诗轴》（书法赏析）

印象。这些因素，实际上都是书家内心构架的物质显现。由于书家的内心构架比较复杂，总是处在游弋、变换之中，所以同一幅作品并不仅仅表现出一种风格；一个书家不同时期的风格也会有较大的变化，有时前后几乎判若两人。

除了个体因素之外，书法作品的艺术风格也受到地域和时代的影响。一般来说，南方书风秀媚，北方书风雄强，这是地域文化因素使然；晋书尚韵，唐书尚法，宋书尚意，元明尚态，这是时代的审美趋向使然。但是，这并不是绝对的。清末直至近代，南方书家大多追求豪放的艺术风格，伊秉绶、康有为、吴昌硕、沙孟海、萧娴等南方书家，都是崇尚雄强风格的大家。久居北京的启功先生，则形成隽秀的书风。

图 4-6　启功《游肇庆杂诗》（书法赏析）

同时，书法的艺术风格尽管是动态的，但也有确定性。一旦形成，就贯穿在其书法艺术的整个创作过程中。

欧阳询历仕三朝，由南国来到北地，领会着从南朝后期至隋代南北兼容的书风，又植根于初唐要求确立艺术法度的时代氛围之中。这一切综合因素，都使得他的书风将南书的秀颖与北碑的峻厉融于一体。这一风格特点，体现在他的楷书、行书、草书和隶书诸体之中。

第一节　楷书之刚劲峻拔

欧阳询在继承大于创新的初唐书坛上，独能领会自南朝后期至隋代南北兼容的书风走向，把握并实践新的历史时代对确立艺术法度的要求，而孜孜不倦地追求书学气质中的"法骨"，以其强烈的风格卓然独立于初唐书坛。其书论、书作都表现出重法尚意、质妍互重的美学风格。

今人梳理两汉以后中国书法艺术的发展史，认为中国的书法艺术，自南北朝时期"南书北渐"，南北书风开始

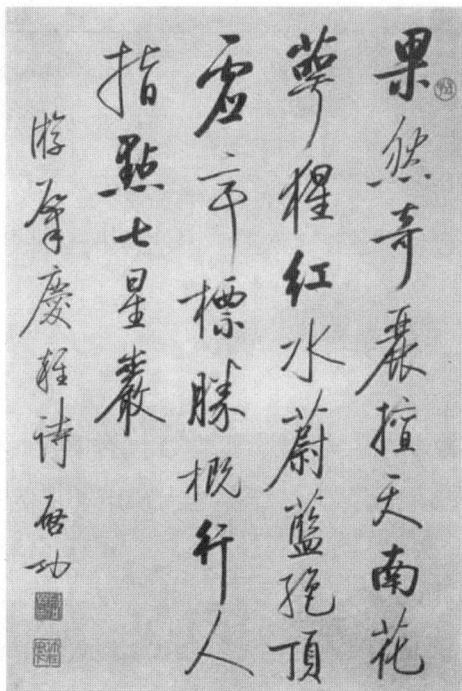

交融，至隋代则渐成大势，唐代则"开创了我国书法史上的全盛时期——唐代书法"①。在中国书法艺术理念转型发展的这一趋向中，欧阳询艺术理念的逐渐形成以至定型，是在隋代。因此，在初唐四大家中欧阳询的书学气质，最能体现隋碑南北融合的书风。

一、唐前楷书的流变与传承

中国的书法艺术，历经殷商的甲骨文、周代的金文，秦国的石鼓文、秦王朝的小篆，到汉代的隶书时，开始舍弃了原始的象形性，用笔结构也自传统的弧形一变而为方正，充分地符号化了。至魏晋南北朝时期，人们挣脱了东汉"谶纬经学""天命观"的枷锁，主体意识逐渐觉醒，以人为中心的审美评价开始被人们认可，书法进入艺术的"自觉"发展时期。书法的艺术性、书家的个性尽管充分展现在行、草书之中，但这两种书体的流行也体现出对书

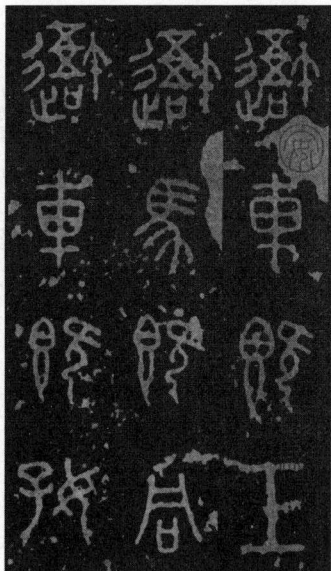

图 4-7　《曹全碑》局部　　图 4-8　《石鼓文》局部
　　　　（书法赏析）　　　　　　（书法赏析）

---

① 刘正成：《中国书法鉴赏大词典》，大地出版社，1989 年。

写快捷实用性的要求。而实用性与艺术性的完美结合，更体现在当时出现的楷书之中：将个性纳入规范性之中，在规范性中体现艺术个性。

由于地域因素，再加上南北分裂的社会环境，北方崇尚儒家思想、南方流行玄学思潮的文化背景，魏晋南北朝的楷书分为两个体系，即南方写于卷牍留存于拓本的楷书和主要是北方刻于石碑的北碑楷书。由于这两种楷书的书写背景、材料运用和创作过程的不同，南北楷书呈现出不同的艺术风格。

魏晋楷书的风格有一个变化过程，即从钟繇、王羲之的古朴质拙到王献之的端庄秀颖。钟繇的《贺捷表》（图4-9）被《宣和书谱》誉为"正书之祖"。据史籍记

图4-9　钟繇《贺捷表》

载，钟繇楷、行、隶、草诸体皆能，然而成就最高的是楷书。其楷书作品有合称为"五表"的《力命表》《贺捷表》《荐季直表》《调元表》和《宣示表》，真迹今已不传，多为后人临摹本。其楷书从隶书简化而来，省去了隶书中的蚕头燕尾，用笔平实质朴，结构自然。由于当时楷书刚刚成熟，还没有形成唐楷工整单调的程式化面目，所以更显得古意淳厚，神态天真。张怀瓘《书断》称其"真书妙绝，乃过于师"。《宣和书谱》称《贺捷表》"备尽法度"。钟繇在楷书的成熟和定型过程中起了巨大的作用，

图 4-10　王羲之《乐毅论帖》
　　　　　局部

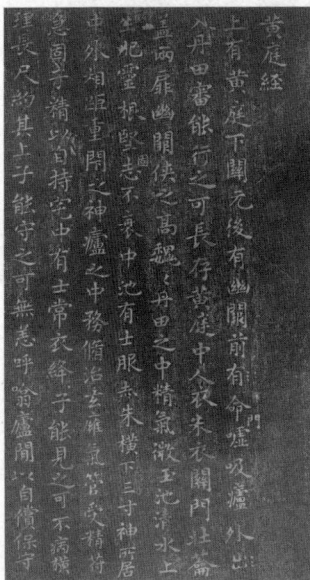

图 4-11　王羲之《黄庭经帖》
　　　　　局部

后人将他与王羲之并称为"钟王"。钟繇的楷书对王羲之产生了直接的影响。五胡之乱时，"晋室南渡，以《宣示表》诸迹为江东书法之祖，然衣带所携者，帖也"①。江东领袖王导将中原书法传给王羲之，书史中王羲之虽然以其《兰亭序》为后世称赏，被唐太宗称为"书圣"，太宗所习王书也主要是其行书，但就楷书来看，王羲之同样做出了承前启后的巨大贡献。王羲之擅长楷书，《乐毅论帖》（图 4-10）、《黄庭经帖》（图 4-11）、《孝女曹娥碑》是其小楷的代表作。其楷书受钟繇影响很大，保留着比较浓厚的古拙意趣，这在《孝女曹娥碑》中表现得尤为明显。无论是结构或用笔，都与钟繇小楷十分接近，是典型的魏晋风度。王献之也从父学楷书，人称其"能极小真书，可谓穷微入圣，筋骨紧密，不减于父"②。传世有小楷《洛神赋十三行》（图 4-12）。如果说，魏晋楷书在钟、王的初创阶段还保持着隶书古拙淳厚的书风，那么，发展到王献之的《洛神赋十三行》时风格就发生了显著的变化，其结体宽绰秀雅，神态端庄雍容，从而失去了汉魏书法的古朴质拙。

　　王献之楷书的这种秀雅之风也影响到南朝的碑书。碑书也分南北，较之北碑，南方碑书以写帖方法书碑，因而具有与北碑不同的艺术风格。即如梁碑《萧秀墓碑》书风细劲瘦硬，十分注意将毛笔的柔软多姿体现在点画的弹性上。但它毕竟是写后刻在碑上，所以这种对线条细腻精致的追求，在一定程度上削弱了碑书的整体感觉。若与北碑如《张猛龙碑》（图 4-13）、《石门铭》（图 4-14）、《郑文公碑》（图 4-15）或龙门造像记相比，梁碑楷书就缺乏一种刚强大度的整体精神，表现在结构

① 〔清〕阮元：《北碑南帖论》，转引自《历代书法论文选》，上海书画出版社，1979 年。

② 〔唐〕张怀瓘：《书断》，转引自《历代书法论文选》，上海书画出版社，1979 年。

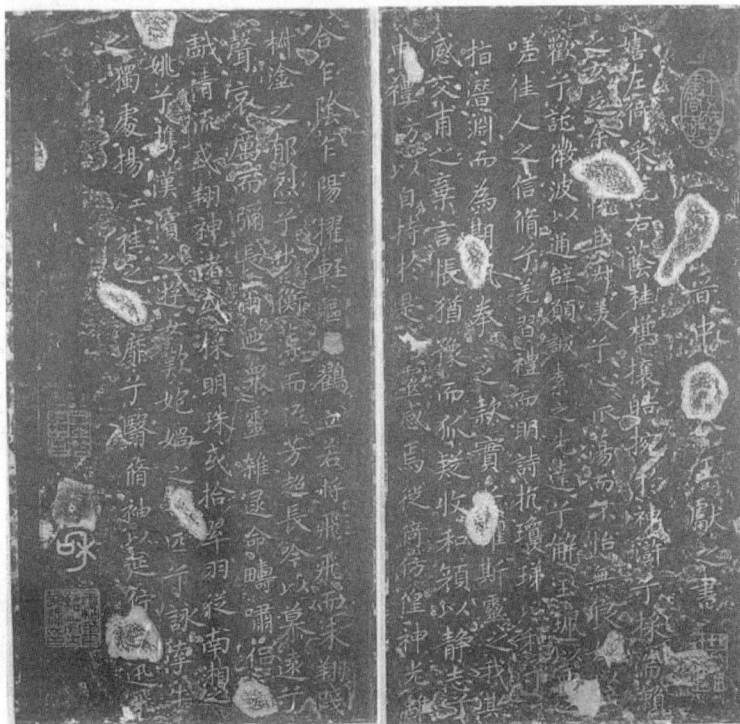

图 4-12　王献之《洛神赋十三行》

上时有歪斜而不平衡，线条只有孤立起伏而缺少整体的节律，所以对其整体的形式格局也有所冲淡，显得琐碎凌乱。古人称其"工整瘦劲"，其"瘦"固然不错，而"劲"则显得牵强，更谈不到"工整"。再参照同是梁碑

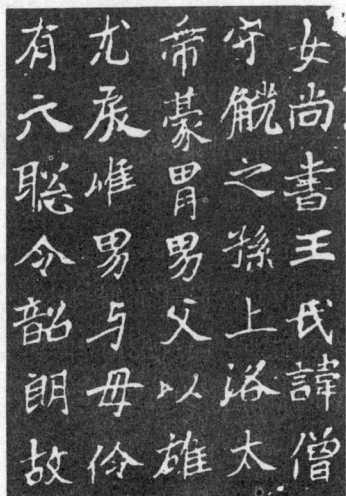

图 4-13　《张猛龙碑》局部

图 4-14　《石门铭》局部

图 4-15　《郑文公碑》局部

的《萧憺碑》，那种对毛笔的轻捷控制与随性跳荡，都多了些轻佻浮薄之气，缺少了厚实庄重之感。这两通梁碑书风大体相近，所以王昶编撰《金石萃编》时曾将这两通碑的碑阴拓本互相混淆。其书风相承的原因，就在于都是用帖法写碑刻碑。看来书碑与书帖，确实具有各自的技巧体系。值得注意的是同属南碑，刻于东晋的《爨宝子碑》（图4-16、图4-17）由于处于自隶书向楷书过渡时期，所以隶书遗意很浓，方峻古拙，用笔凝重坚实，字形大小参差。刻于刘宋的《爨龙颜碑》（图4-18）书法雄健挺拔，结体险侧，笔势开张，康有为评其书法"下画如昆刀刻玉，但见浑美；布势如精工画人，各有意度，当为隶楷极则"[1]。同是梁碑，《瘗鹤铭》（图4-19）书法奇逸矫健，字形舒展拓张。其原因或所刻时代较早处于隶楷过渡期，或地域偏远书风偏于保守，所以还保留着隶书的遗意。

图4-16　《爨宝子碑》　　图4-17　《爨宝子碑》局部　　图4-18　《爨龙颜碑》局部

① 〔清〕康有为：《广艺舟双楫》，转引自《历代书法论文选》，上海书画出版社，1979年。

图 4-19 《瘗鹤铭》局部

　　较之南碑楷书，北碑楷书不重于点、画等细部的表现，但却能把握大气氛，因而显得雄强浑厚，如最有代表性的《张猛龙碑》《石门铭》《郑文公碑》和龙门造像记等。《张猛龙碑》用笔挺拔，劲利无比，横、撇、捺笔画舒展开张，如长枪大戟，雄健恣肆。结体严谨匀整，重心左低右高，以欹斜取势，稳固而不呆板。康有为《广艺舟双楫》评《张猛龙碑》为"如周公制礼，事事皆美善"。《石门铭》书法风格强烈，结体舒展开张，用笔虽然呈圆转之势，却显得遒劲浑朴，飞动飘逸，是北魏楷书中的无上精品。康有为评曰："飞逸奇浑，分行疏宕，翩翩欲仙……若瑶岛散仙，骖鸾跨鹤。"《郑文公碑》已经形成了比较规范的个人风格，不像一些碑刻棱角分明，而是方圆兼用，骨力雄健，锋芒内敛，结构严谨。

　　龙门造像记的拓本有"龙门四品""龙门十品""龙门二十品"，乃至"龙门五百品"等，其中的精华部分是两千多品北魏造像记。其楷书的基本特点是字形端庄大方，字势刚健质朴。康有为评为："龙门造像自为一体，意象相近，皆雄俊伟茂，极意发宕，力笔之极轨也。"

从唐代以前楷书在南北不同的流变与传承来看，尽管楷书脱胎于隶书后，在东晋自钟、王以后到王献之已经开始雅化，即舍弃了隶书的古朴质直，变得秀颖精整，连南碑也染上了这种时俗之气；而北碑始终保持着浑朴自然的风貌。直到隋代，碑书中依然坚持的是北碑的传统。遗憾的是进入唐代，在那种特定的文化背景和艺术氛围中，虞世南、褚遂良、薛稷这三位大家却没有沿着隋代开启的道路发展，沿袭的反而是南楷后期的遗习；只有欧阳询弘扬着隋碑的优良传统，在楷书创作实践中兼容南北，开拓了楷书发展的新局面。

二、欧阳询楷书重法尚意的美学特质

欧阳询的楷书代表作《九成宫醴泉铭》由魏徵撰文，于贞观六年（632）四月镌立。此碑险峻中得平整，丰腴中显瘦硬。其丰腴、平整处来自钟繇、王羲之的楷书，险峻、瘦硬处又吸取了北碑楷书的遒劲之气，所以前人评欧阳询"学王羲之书，后险劲瘦硬，自成一家"①。

《九成宫醴泉铭》是后世公认的欧阳询代表作，其用笔刚健劲爽、结体朴茂端方，章法通透舒朗。若将其与隋代书法作品《董美人墓志》相比较，则会发现《九成宫醴泉铭》所散发的北朝书意与《董美人墓志》一脉相承。

前文已经阐释了欧阳询一生三十多年生活在隋代，因此，隋代书风也自然深刻地影响了欧阳询风格的建立，即兼容南北而又成一家之面貌。

综观此碑，虽然用笔整体瘦硬，但却内含骨气，带有隶书意味的使转与波折出锋神采奕奕；结体上，方正而略纵长，看似平整端庄，法度森严，实则稳中求险，意趣天然；章法上，此碑无论字距、行距都疏朗萧散，与章法严密如森森剑戟的唐碑有很大不同。这些便可以看出欧阳询

---

① 刘正成：《中国书法鉴赏大词典》，大地出版社，1989 年。

对于隋书风格的承续。欧阳询对于隋书并非一味地继承，幼时生长在江南，南朝崇尚"二王"的审美风尚也渗透到了其笔下，因此可以说，欧阳询融会了隶书与魏晋楷书的用笔及结体特点，又参合六朝碑刻墓志的书写风采，建构出自己独特的审美意识，而这种审美意识的表达即是《九成宫醴泉铭》。

明代汪珂玉的《珊瑚网》引米芾之言，认为欧阳询楷书中的《九成宫醴泉铭》《化度寺碑》"真到内石，石刻惟《醴泉铭》《化度寺》二碑特妙"[①]。两碑镌立时间略相先后，后者在瘦劲刚硬的用笔、修长险绝的结体上，与前者形、神相似，却以一种含蓄、饱满的笔意，来传达书家对意韵美的追求，展现出的是丰腴、朴茂的审美风格，从而更能体现出书家的美学追求。

欧阳询的楷书兼具"法"与"意"，在他的存世作品中，以"法"为要的《九成宫醴泉铭》锋颖刻厉，如深山至人，硬瘦清寒，而《化度寺碑》则在用笔上圆融了些许，虽出挑但也含蓄典雅了许多，呈现出"意"之趣味所在。

"欧阳询书瘦劲险绝，以《皇甫》为最。"[②]《皇甫诞碑》无撰、书年月，于志宁撰，凡二十八行，行五十九字，篆额"隋柱国弘义明公皇甫君之碑"。此碑用笔兼有魏碑与隋碑的特点，劲峭严整、凝重有力；结体方正严谨中带有斜欹之势，恣意萧散；章法上与《九成宫醴泉铭》《化度寺碑》一样，灵动疏朗、朴茂端方，庙堂之气十足。

后世对于《皇甫诞碑》的评价很高，但都集中在关于此碑险绝的书风特点上，清代翁方纲评价此碑用笔是由隶成楷，既有隶书笔势的波折仰抑，又有楷书用笔的典雅端庄；在结体中，此碑于险绝中寻求方正，取法晋楷的严整奇崛，是学习唐楷的必由之路；清代杨宾在《大瓢偶笔》

①②刘正成：《中国书法鉴赏大词典》，大地出版社，1989 年。

中直言，在诸多欧阳询书就的碑刻中，最为险峭的莫过于《皇甫诞碑》；明代王世贞则在肯定此碑书风险绝的基础上，认为《皇甫诞碑》是欧阳通的发源。

《温彦博碑》是欧阳询年届八旬时所书，已经摆脱了他在书《九成宫醴泉铭》等碑时那种刻意法度的心态，而是以楷书为躯壳，点画顾盼间已具有出神入化、纵横如意之妙。此碑不但法度森严，有典型的欧书凝厚谨肃的特点，而且在揖让呼应之间更见出流畅与自然，见出其信手拈来的妙趣。楷书的规行矩步中能有此自由境界，可谓难得；而放在风格略嫌拘谨的欧体楷书中，则更显得难能可贵。明代赵涵的《石墨镌华》认为此碑"书法严整"，而"时信本已八十余，而楷法精妙如此"。后人也多以此碑为欧阳询传世诸碑第一。

综观欧体楷书，法度森严，风格强烈。《温彦博碑》之所以被后人推为欧楷第一，就因为它已经逐渐能够不露痕迹地兼容并蓄。

第二节　隶书之刚健峭厉

在初唐四大家中，欧阳询不仅有隶书作品传世，而且在继承汉代隶书艺术特点的基础上，形成了与唐代一般隶书不同的艺术风范。

一、汉隶风格之流变

在中国书法史上，隶书产生于秦末汉初，具有划时代的历史意义。原因是隶书将甲骨文、金文、大小篆书书法的笔画由弧形变为直线，结构由纵长变为扁平，使得汉字完全脱离了原始的象形阶段而充分符号化了。但同时，隶书又继承了篆书的中锋、藏锋、回锋用笔，笔画与篆书一样厚重浑朴，却又讲究蚕头燕尾，更具有装饰意趣。

当然，汉代隶书的风格也处于不断的流变之中。

东汉早期的隶书，书体介于篆、隶之间，笔画伸展开

图4-20　《开通褒斜道刻石》局部

图4-21　《祁三公山碑》

张，瘦硬凝重，结体古拙严整，具有浓厚的装饰意趣。如刻于东汉永平六年（63）的《开通褒斜道刻石》（图4-20）、刻于东汉元初四年（117）的《祁三公山碑》（图4-21），字体长短广狭，参差不齐，天然古秀若石纹样。

　　刻于东汉建和二年（148）的《石门颂》（图4-22），则表明隶书开始脱离了篆书的藩篱，用笔自然洒脱，线条遒劲有力，又显得飘逸飞动，比较接近于汉代简牍的墨迹，尤其是"命""升""通"等字垂笔特长，流露出几许即兴书写的天趣。其布局奔放不羁，字形大小变化，风格豪迈清新。整篇纵横有致，恰如浑金璞玉，不事修凿，故清代杨守敬称其"行笔真如野鹤闲鸥，飘飘欲仙"。

　　进入东汉桓帝、灵帝时期，隶书开始建立法度，以厚重饱满为主，刻于永兴元年（153）的《乙瑛碑》（图4-23）可为代表。其结构严谨精

图4-22　《石门颂》局部

图 4-23　《乙瑛碑》局部　　　　图 4-24　《礼器碑》局部　　图 4-25　《张景碑》局部

确，骨肉停匀，用笔纯熟而有规律，被前人称为"文字之美亦足以称宗庙之美"，为"汉隶之最可师法者"。汉隶也在确立法度的同时探索风格的多样性。刻于永寿二年（156）的《礼器碑》（图 4-24）以清劲遒力见长。其笔画瘦硬，风格清新，清人王澍评为"无美不备，以为清超却又遒劲，以为遒劲却又肃括，自有分隶以来，莫有超妙如此碑者"。刻于延熹二年（159）的《张景碑》（图 4-25），结构匀整如《乙瑛碑》，线条细劲似《礼器碑》，是隶书成熟风貌的代表作之一。

此后，汉代隶书即呈现出多样的艺术风格。清代朱彝尊曾谓："汉隶凡三种，一种方正，一种流丽，一种奇古。"

方正者如刻于建宁元年（168）的《衡方碑》（图 4-26），书法方正粗豪，清代何绍基谓其从用笔、结体到布局于"方古中有倔强气"。再如刻于中平三年（186）的《张迁碑》（图 4-27），书法浑厚方折，朴茂端严。其笔画的起止处都呈方形，转折处则为直角，丰腴粗壮，古朴雄健。结体布局也都体现了恣肆奔放的特点，在体势上以方正为主，同时尽量减少波折，使得线条和字形都具有厚重感和粗犷精神，为汉碑中方正类的主要

代表。流丽者如刻于中平二年（185）的《曹全碑》（图4
-28）。此碑横、撇、捺的笔墨线条，都带有明显的飘逸之
趣。结体以方扁为主，大部分字的结构都左右开张，以横
向取势，风格清秀俊美，纤丽飞动，是汉隶中秀逸风格的
代表，也是汉隶之中最可师法者也。

图4-26　《衡方碑》局部　　　图4-27　《张迁碑》局部　图4-28　《曹全碑》（局部）

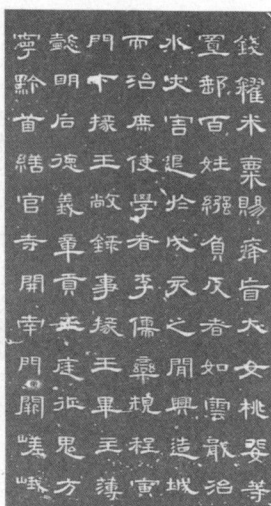

　　奇古者出现在汉隶的前期和后期。前期即如上述的
《石门颂》，后期则有刻于三国东吴凤凰元年（272）的
《谷朗碑》（图4-29）。其运笔已经不像汉隶那样强调规
矩，蚕头燕尾都被大量省略掉，而许多只有楷书才应有的
笔画形态都已经出现，所以显得古拙质朴，深沉厚重，开
启了由隶书向楷书的过渡阶段。

　　兼有方正、流丽和奇古三者之长的是刻于延熹八
年（165，一说延熹四年）的《西岳华山庙碑》（图4-
30）。其书法精美，结体秀整，并极尽伸缩纵横之变化，
用笔则法度严谨，且具有飞动跳跃的意趣，被朱彝尊称为
"正变乖合，靡巧不有"，兼有方正、流丽、奇古"三者之
长，当为汉隶第一"。

　　刻于熹平四年（175）的《熹平石经》（图4-31）则
是汉隶书法典型的成熟之作。不论在用笔，还是在结体
上，都突出表现了整齐均匀的法则，看上去和谐、典雅，

图4-29《谷朗碑》局部　　　　　图4-30　《西岳华山庙碑》局部

但由于过分整齐划一，显得比较单调，缺少变化，因此亦有"隶书馆阁体"之讥。

图4-31　《熹平石经》

降而至于隋唐，楷书开始建立法度，王体行书亦大行于天下，唯有隶书似乎有点受冷落。到了盛唐时期，唐玄宗以帝王之尊以隶书书碑，留下了《纪泰山铭》（图4-32）摩崖石刻和《石台孝经》（图4-33）。《纪泰山铭》刻于开元十四年（726），在山东泰山东岳庙后石崖上，硕大雄壮，时见飞动之势。明代王世贞评曰："字径六寸许，虽小变

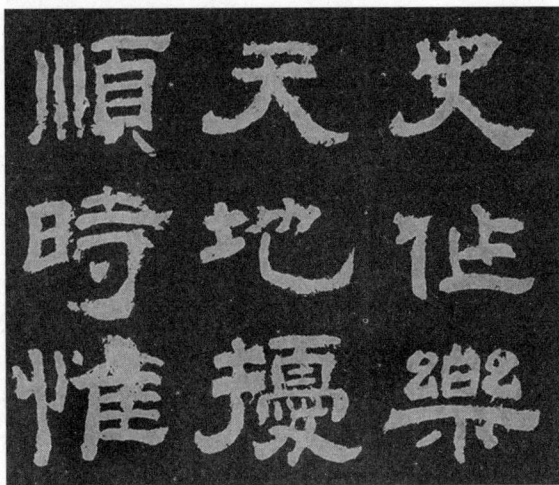

图4-32 《纪泰山铭》局部

图4-33 李隆基《石台孝经》局部

汉法，而婉缛雄逸，有飞动之势。"《石台孝经》刻于天宝四年（745），史称其书法为玄宗第一手笔，淳整丰艳，几现盛唐之气息。明代赵涵《石墨镌华》谓此书法与《纪泰山铭》同，其后批答行书亦精豪有雄逸之气。其笔画丰肥，燕尾尤其显得夸张，不是"小变汉法"，而是全无汉隶的方正奇古之趣。谓之"婉缛"信然，若言"雄逸"，则逸者有余，而雄者不足。确实有"飞动之势"，却并非苍鹰之飞，而只是凤鸟之飞罢了。

二、欧阳询隶书刚健峭厉的美学特质

隶书并非欧阳询所长，但隶书自汉代起就形成蚕头燕尾的用笔特点和横向结体的法度规范，书写者必须遵守，否则就很难称得上隶书。欧阳询存留的隶书《房彦谦碑》也遵守着、寻求着隶书的新法度。这通碑立于唐贞观五

年（631），李百药撰，欧阳询书，凡三十六行，行七十八字，全称作《唐故都督徐州五州诸军事徐州刺史临淄定公房公碑铭并序》，碑额篆书"唐故徐州都督房公碑"。

这通隶书碑立于山东省济南市历城区采石乡东北赵山之阳，碑主为初唐名相房玄龄之父房彦谦（547—615），其先任监察御史，后贬泾阳（今陕西泾阳县）令，隋大业十一年（615）五月卒。经其子房玄龄奏请，唐太宗恩准其灵柩归葬故里，追赠为徐州都督、临淄县公，谥号为"定"，并于墓前刻石立碑。

关于此碑的书写者，历代颇有争讼，在第二章文本论中，从文献学的角度曾做过详尽的裁断，如果以书艺、书风为据，从重法尚意的角度仔细观赏此碑，此碑也确为欧阳询所书。

重法尚意既是欧阳询一生重要的美学追求，也是他对唐代以至中国书法的最大贡献。所谓尚意，是指崇尚魏晋六朝书法之意；所谓重法，即重视开创唐代书法之法。也就是说，欧阳询的最大追求和贡献，是将前代之意纳入唐人之法中，于法中又传达出意，从而将意与法融为一体。从这一角度来观照《房彦谦碑》，即可避免只见树木不见森林之嫌。

首先，就书体而言，阮元《山左金石志》、王昶《金石萃编》等均称该碑为"八分书"（隶书的一种）。然细观此碑，既非传统之汉隶，亦非后来之唐隶，而熔铸了汉隶和魏晋楷书的特点，又参合以六朝碑刻，还保留了楷书的笔法，故介于隶与楷之间，杂用魏碑气息，自然而不事雕琢，平稳而又显峭拔，清吴玉搢《金世存》中谓此碑"极挑拔险峻之妙"。张怀瓘《书断》则称欧阳询"八体尽能，笔力险绝，篆体尤精"。此碑与欧阳询在楷书方面开创唐法的重法尚意精神是完全一致的。

其次，就用笔"千古不易"而言，《房彦谦碑》体现了欧阳询在《八诀》中对点画用笔的书学思想。其中的点，无论是方点、圆点，还是横点，多逆锋入笔，中锋运笔，稍用力按下后再转锋向下轻轻回锋，或方正峻健，有"坠石"之法；或干净丰润，有水珠滴落之意。其长横起笔与《九成宫醴泉铭》之多用方笔相类，然多露锋，此与魏之《始平公造像记》、"二爨"等碑刻则十分相似。其竖画一般皆引笔横入，折笔向下，一拓直行，再中锋送出，势如《八诀》所谓之"万岁枯藤"般沉着爽利。其撇画逆锋入笔，或折以成方，回锋横切向下成方头，有浓厚的隶意，与《爨宝子碑》长撇的起笔方法基本相同，如《八诀》所谓之"利剑截断犀象之角牙"。然行笔运到最后轻轻回锋，或垂直提起有圆润之意。其捺画"一波常三过"，由按到提，较多保留了汉隶之遗风；然行笔不过于急速，无飘浮柔弱之态，而有《爨宝子碑》中的捺画之意。其折画中的平折无折笔痕迹，有魏晋之意；方折则方硬刚健，具唐书之法。

其三，就结字而言，《房彦谦碑》虽被前代论者称为"八分书"，却并未如汉隶、唐隶横向取势，而取法魏碑，整体上呈方正之势，也体现出其书论《结字三十六法》所归纳的结字规律。如其中"弘""通""沉"等字各部分之间讲究"避就"之法，避密、避险、避远而就疏、就易、就近，"彼此映带得宜"。其中的"幽""灵"等排叠之字分间布白得当，疏密排列均匀，视觉感和谐。其中的"谷"字上部四个点画均外向扩展，体现"向背"之法。其中繁体之"观"与"颜"左右两部分协调统一，"相著顾揖"，从"二爨"、《龙藏寺碑》及汉隶中均可找到渊源。其中上下结构的"藻"字，左右结构的"弘"字，皆体现出《结字三十六法》中的"相让"之法，故而整个字重心非常稳定。其繁体"历"字上着一点，横画包含下部，左撇潇洒，底部长横舒展，正如《结字三十六法》"覆盖"条所谓"点须正，画须圆明"。繁体"仪"字上合下开，左半斜向上方，末笔斜拖如刀，笔势上紧下松，避免了方正刚直所造成的呆板。以下包上的"幽"字，其

"包裹斗凑不致失势，结束停当，皆得其宜也"。总之，就结字而言，《房彦谦碑》虽为隶书，却将隶意与魏碑，即将意与法融为一体。

其四，就章法而言，《房彦谦碑》在通篇布局上，既有隶书朴厚敦实之意，又具楷书方正肃穆之法，再加上魏碑之意和八分的沉稳之气。其中的隶书之意趣表现在整体气韵上，却又扬弃了汉隶的横向取势及字距大于行距的章法特点，而字距与行距大致相等，有较为严谨工整的法度，显然融入了魏晋楷书和六朝碑刻的章法特点。其楷书的方正肃穆之法，体现在中间的字与上下左右字的疏密变化之法，左右、上下字起笔和收笔的相互避让之法，中间的字与周围字的巧拙对比之法。整体来看平整方正，但间有造就险势之字，从而造成章法的敧正结合。

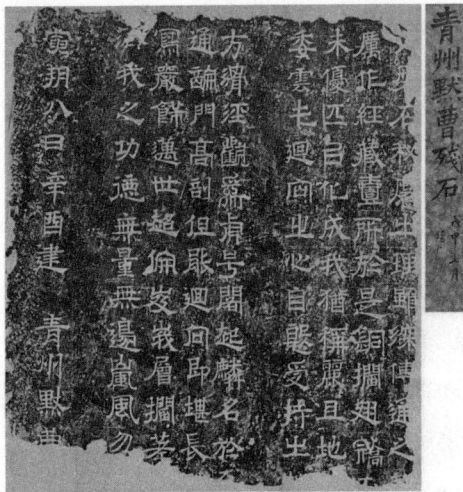

图4-34　《青州默曹残碑》局部

此碑是欧阳询传世的隶书作品。平心而论，隶书确非欧阳询所长。这幅隶书的审美价值小于认识价值，自不能上攀两汉，就是与晋人散隶也未可同日而语。但其书法介于隶、楷之间，实乃用北魏方笔格调写隶书躯壳，其紧健峭厉处，呈现晋碑风貌。此碑与欧体其他书作相较，可以追溯欧书中保留下来的书艺渊源。其书写倾向为楷隶参半，亦隶亦楷，完全是汉代摩崖隶书和北国碑派的笔法，与隋代的《青州默曹残碑》（图4-34）似有几分相近，在唐代的楷书和隶书中却极为少见。它整体缺乏匀称及和谐感，用笔粗率随意，与汉代石门隶书的刻工斧凿相似，而结体的俯仰大小以及章法上的参差正敧，更像是一件从汉隶到唐隶过渡的隋代作品。

因为在初唐四大家之中，从书法理论和创作实践中皆能重法尚意者，唯欧阳询能之，所以从其书体及书法三要素的用笔、结字、章法等方面的重法尚意来看，《房彦谦碑》的书者应该是欧阳询无疑。

第三节　行书之劲险刻厉

　　行书起源于魏晋南北朝，流行于隋唐，至北宋以后大行于天下。可以说，天下没有不写行书的文人和书家。它是中国书法诸体中与楷书同时起源，流行最广泛、影响最久远、使用最方便、艺术个性最鲜明的书体。其传播方式亦有碑刻，如唐太宗李世民《晋祠铭》（图4-35），但多属文稿、书信、手札。书家欲书先散怀抱，书写前排除了功利主义的目的，在不经意间似乎彻底放松了自己的创作心态，以自由的状态书写自己心中所思，所以最能表现书家的艺术个性，最便于

图4-35　李世民《晋祠铭》局部

“达其性情，形其哀乐”。《兰亭序》《祭侄稿》《黄州寒食诗帖》这天下三大行书独具的艺术价值，就表现在这里。

一、晋、唐、宋行书之时代风范

　　魏晋时期，行书开始流行，总体风格即后人所总结的“晋人尚韵”。晋代书家将其洒脱纵逸的“魏晋风度”，完美地体现于不激不厉的行书之中。史载，钟繇即善写行书，而王羲之行书则多取法于钟书。王羲之行书多为尺牍墨迹，如《姨母帖》（图4-36）、《快雪时晴帖》（图4-37）、《奉橘帖》（图4-38）、《得示帖》（图4-39）、《频有哀祸帖》（图4-40）、《丧乱帖》（图4-41）等，结体凝重，用笔或流畅，或瘦劲，或沉着苍厚，或圆转流动，轻重疾徐，富于变化；字形修长、秀美，大小错落，萧散自如，全篇往往一气而下，笔意连贯。这些艺术特点，都集中地表现在他的《兰亭序》中。

　　东晋永和九年（353）三月三日，王羲之与谢安、孙绰等四十一人在山阴兰亭雅集，修祓禊之礼，于曲水流觞之间吟诗抒发情怀。王羲之为当时所作诗集写作序文草稿，因而心手双畅，在最佳的创作情态中写出《兰亭序》，

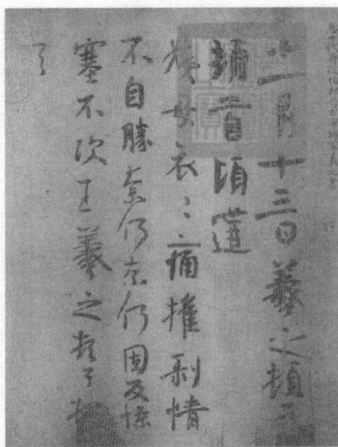
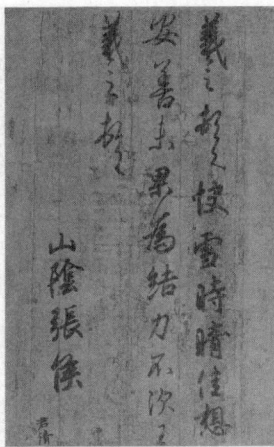
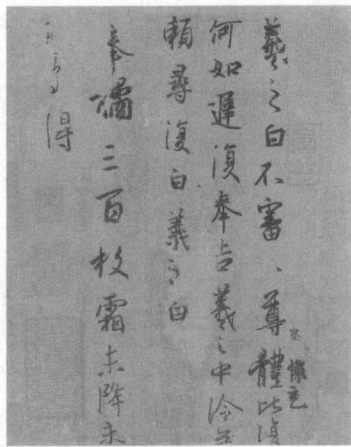

图4-36　王羲之《姨母帖》　　图4-37　王羲之《快雪时晴帖》　　图4-38　王羲之《奉橘帖》

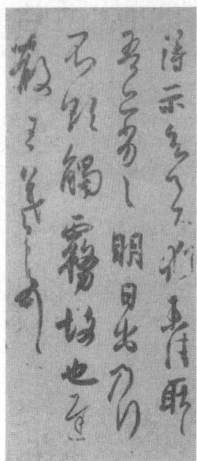
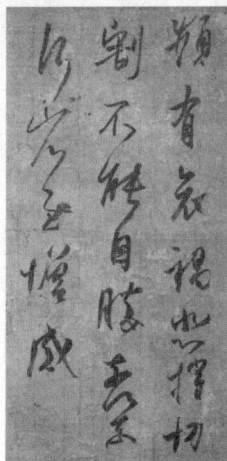
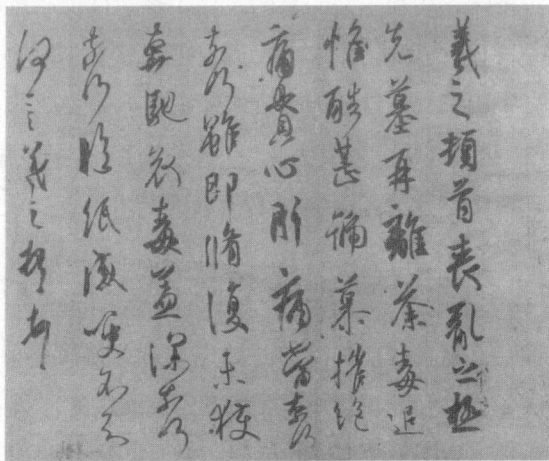

图4-39　王羲之　　　　图4-40　王羲之　　　　图4-41　王羲之《丧乱帖》
　　《得示帖》　　　　　《频有哀祸帖》

书作随意挥洒，潇洒流畅，极其自然。据说王羲之事后也叹为神奇，几次再写，都达不到原作的艺术高度。几经流转，至唐太宗命人摹拓了许多副本赐给皇亲和近臣，真迹则陪葬于昭陵。唐代临摹本中，以北宋年间发现于定武军的据说是欧阳询所临"定武本"最为著名。

刻于唐咸亨三年（672）的《怀仁集王羲之圣教序》，是怀仁按照《圣教序》原文，从唐内府所藏王羲之行书墨迹中寻出单字集成。确实保存了王羲之行书单字的本来面貌，但字字独立，一再出现的"序""藏"等完全是一个面目，而与上下字缺乏呼应，对于行款、章法更无能为力。

王珣《伯远帖》经研究被确认为晋人真迹。其行笔洒脱自如，飞动流畅，结字左右开张，大小参差，整幅作品秀逸自然，疏密有致，而毫无安排雕琢的痕迹。明代董其昌评此帖"潇洒古淡，东晋风流宛在眼前"。王羲之二子徽之、献之亦善行书。徽之《新月帖》（图4-42）用笔圆润稳健，结体骨肉匀称，意态典雅，从容不迫，自然和谐。献之《鸭头丸帖》（图4-43）行笔流畅，飞腾跳宕，字形的大小与左右高低也颇有变化；《中秋帖》（图4-44）

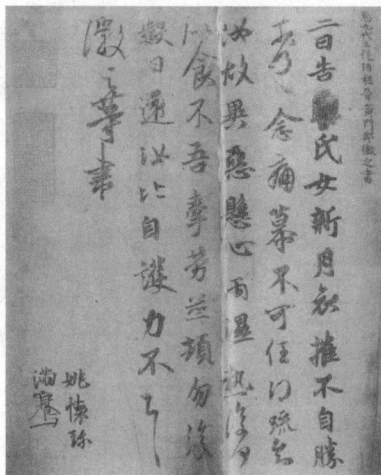

图 4-42 王徽之《新月帖》　　图 4-43 王献之《鸭头丸帖》

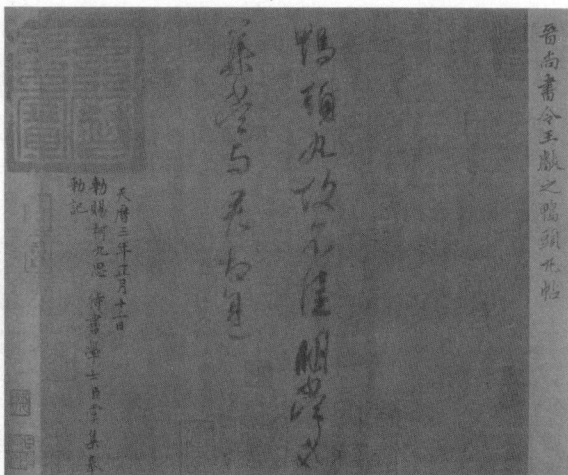

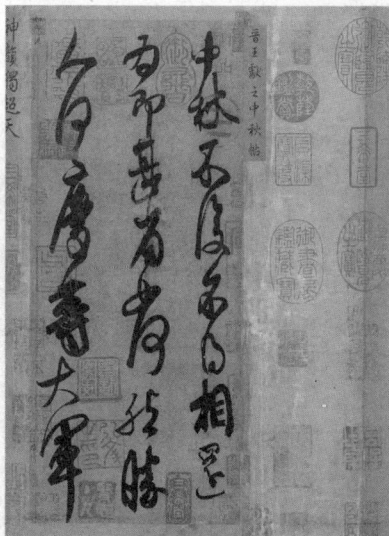

图 4-44 王献之《中秋帖》　图 4-45 王献之《廿九日帖》

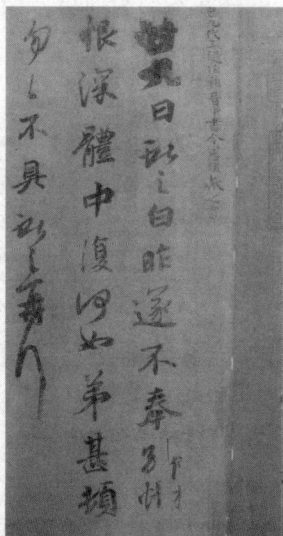

气势连贯，一笔而下，几乎字字相牵连，极其生动自然，与王羲之《快雪时晴帖》、王珣《伯远帖》同被乾隆皇帝列为"三希"；《廿九日帖》（图4-45）楷、行、草书相杂，秀媚敦厚而又潇洒自如，若与其父相较，诚如古人所谓"骨势不及父，而媚趣过之"。

由于"二王"善行书，王羲之又被唐太宗奉为"书圣"；所以有唐一代，书家在规范楷书的法度时，又将其艺术个性倾泻于行书之中。如果说，唐代楷书承续魏晋，是由重意到尚法之极致，那么，唐代行书则由重意与韵到"尚势"。尽管行书与楷书发展趋向不同却保持同步，到盛唐时同样张扬起大唐帝国的磅礴气势。

初唐行书崇尚意韵，唐太宗李世民学王书，主要学的是王体行书的骨力和形势，以体现其意与韵。宋代朱长文《续书断》卷上列太宗书为妙品，论曰："翰墨所挥，遒劲妍逸，鸾凤飞翥，虬龙腾跃，妙之最也。"传世书作有《晋祠铭》《屏风帖》（图4-46）、《温泉铭》（图4-47）。行书《晋祠铭》浑然天成，笔画结实爽利，无做作之态。杨宾《大瓢偶笔》云："今观此碑，绝以笔力为主，不知分间布白为何事，而雄厚浑成，自无一笔失误。"清代钱大昕谓其"书法与怀仁《圣教序》（即《怀仁集王羲之圣

图4-46 李世民《屏风帖》局部

图4-47 李世民《温泉铭》局部

教序》）极相似，盖其心摹手追乎右军者深矣。"清人王佑以诗赞之："平生书法王右军，鸾翔凤翥龙蛇绕。一时学士满瀛洲，虞褚欧柳都拜倒。"其书实开清代八大山人行楷书之先河。

上有所好，下必为甚。初唐书家的行书作品中，除欧阳询的《张翰帖》尚意重法之外，其他诸家都追求晋书之韵。虞世南的《汝南公主墓志》温润圆秀，与其楷书保持同样风格。明代王世贞评为"萧散虚和，姿态风流，有笔外意"，甚至连"戈"字的写法也与楷书同调，故李东阳谓"笔势圆活，戈法独存"。褚遂良的《枯树赋》（图4-48）书法流秀遒美，风韵犹存。欧阳辅《集古求真》谓此"笔力遒媚颇逼'二王'，非河南不能为也"。陆柬之的《文赋》（图4-49）章法严谨，结体稍呈内敛，笔法妍润淳雅。据孙承泽云"全摹《兰亭》而有舅氏虞永兴之圆劲，遂觉韵法双绝"，已开赵孟頫行楷书之先河。

此后，李邕的行书开始摆脱王羲之的形迹，时人称其

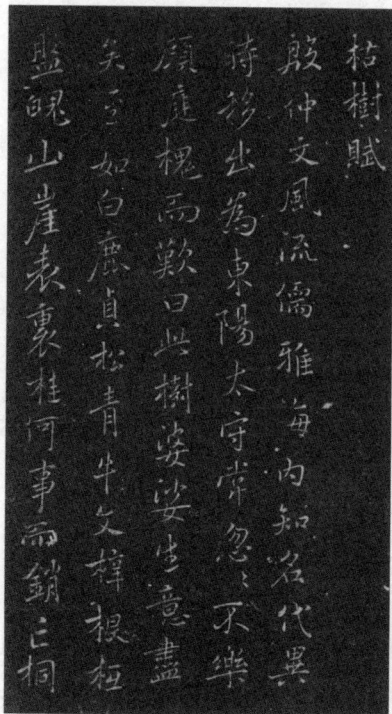

图4-48　褚遂良《枯树赋》局部　　图4-49　陆柬之《文赋》局部

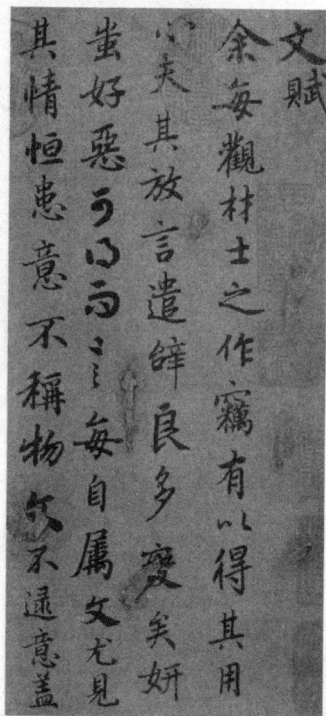

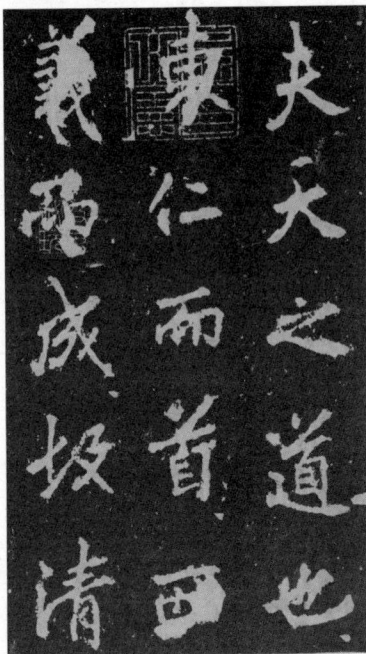

图 4-50　李邕《麓山寺碑》局部

为"书中仙手",将其行书比作"华岳三峰,黄河一曲"。其《李思训碑》书法劲健,凛然有势,清代刘熙载曾评价其"一点一画皆如抛砖落地,使人不敢以虚憍之意拟之"。《麓山寺碑》(图4-50)笔法挺拔,笔力雄健,气势纵横,黄山谷评其:"气势豪逸,真复奇崛,所恨功力太深,少令功损相半,使子敬复生不过如此。"也就是说,李邕将楷书之法融入行书,因而较之王献之更显功力。明代王世贞则以为其书"钩磔波撇,虽不能复寻,览其神清流放,天真烂漫,隐隐残楮断墨间,犹足倾倒眉山(苏轼)吴兴(赵孟頫)也"。

唐玄宗开元年间,催生出"盛唐气象",杜甫即称其为"全盛日",帝国声威远播异域。其艺术上的代表就是李白的歌行。无独有偶,李白的行书《上阳台帖》(图4-51),虽片言只语,但字体苍劲雄

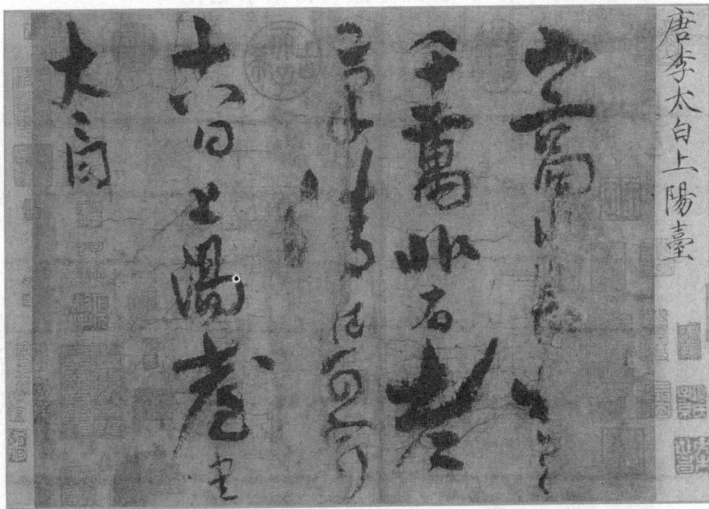

图 4-51　李白《上阳台帖》

伟,笔法豪逸,书风潇洒飘逸,不同凡响,生动地再现了李白放浪形骸、胸襟宽广的气度。可见作为唐代最杰出的浪漫主义诗人,在他的书法作品中也充满着浪漫主义的写意情调。元代张晏谓:"谪仙(李白)尝云:'欧、虞、褚、陆真奴书耳。'自以流出于胸中,非若他人极习可到。

观其飘飘然有凌云之志。高出尘寰，得物外之妙。"宋代
赵德麟作歌赞曰："虽自九天分派，不与万李同林。步处
雷惊电绕，空余翰墨窥寻。"

就在这种艺术氛围中，开一代新风的颜真卿登上了书
坛。他的楷书自不必说，其行书《祭侄稿》（图4-52）
《争座位帖》（图4-53）、《裴将军诗帖》（图4-54）也承

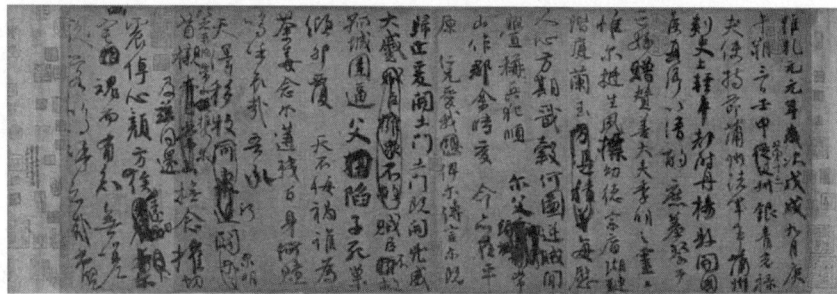

图4-52　颜真卿《祭侄稿》

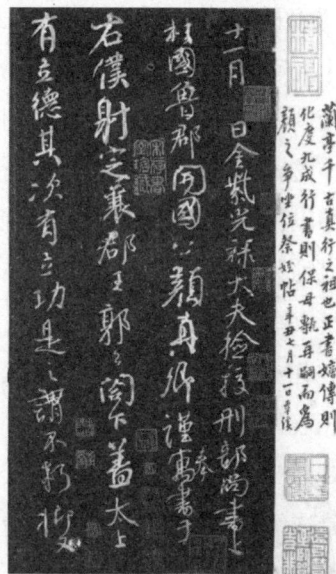

图4-53　颜真卿《争座位帖》局部

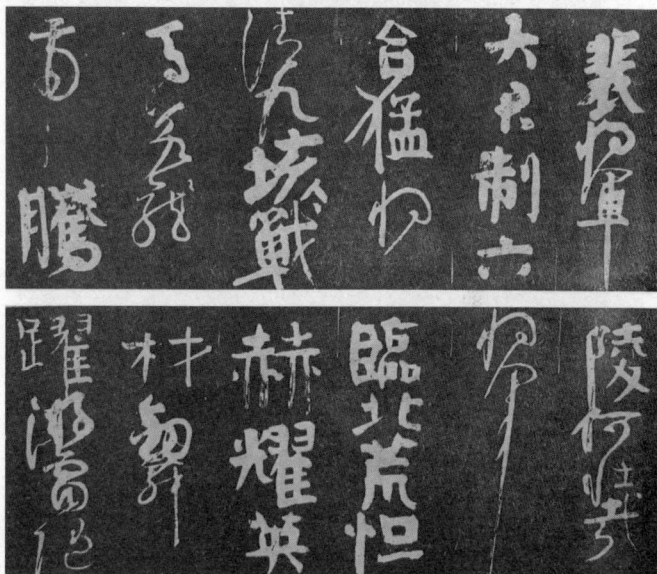

图4-54　颜真卿《裴将军诗帖》局部

前启后，雄视百代。《祭侄稿》被元代鲜于枢誉为"天下
第二行书"，就在于其创作情景与《兰亭序》相类，原不
是作为书法作品来写的，乃无意为书。起草出于无心，是
其心手两忘，真妙见于此也，因而全篇神采飞动，笔势雄
奇，姿态横生，得自然之妙。《争座位帖》与《祭侄稿》

的创作背景相同，也是一篇草稿，是书家不满权奸的骄横跋扈而奋笔直书，因而本无意于笔墨，而凝思于词句之间，满纸郁勃之气横溢。全篇一气贯之，字字相属，虎虎有生气，刚烈之气跃然纸上。明代孙镀的《书画题跋》则具体分析了《争座位帖》全篇的结构，云："此帖首十余行尚觉倔强未舒，至'仆射指'以下乃如活泼飞动；至'皆有等威'后更浑化入妙；结末数行行笔倦意已懈，而余兴淋漓，更出屋漏雨迹。"清代阮元赞此稿："如铸金出冶随地流走，元气浑然，不复以姿媚为念者，其品乃高，所以此帖为行书之极。"

中唐之后，柳公权有行书《兰亭诗》（图4-55）、《蒙诏帖》（图4-56）等，又曾在宣宗御前写过"永禅师真草千字文得家法"二十九字行书。其行书与其楷书具有瘦硬的共同特点，从结构到用笔，先确立大致的空间风格特征，再辅以相应的线条特征。晚唐杜牧的《张好好诗》（图4-57）本是用行书写的诗稿，《宣和书谱》称其"作行草书气格雄健，与其文章相表里"，但从此诗稿墨迹中却很难看出"气格雄健"处，气势倒是连绵，笔墨也很酣畅，深得六朝人风韵。由于是诗稿，所以更有朴实无华之美。

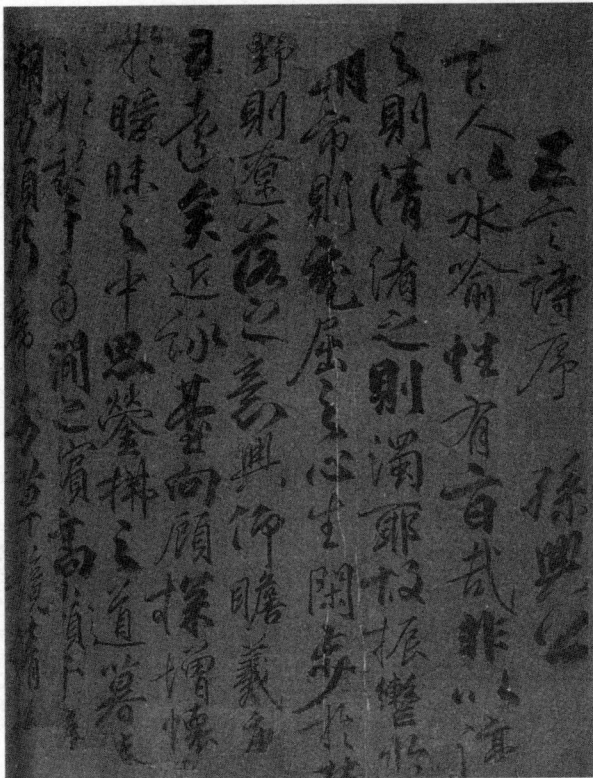

图4-55　柳公权《兰亭诗》局部

从杜牧的《张好好诗》来看，晚唐行书似乎有向六朝回归的趋向。这种趋向，在五代和宋代进一步表现出来。五代杨凝式的《韭花帖》（图4-58）笔法遒劲，结体稳健，似乎比《兰亭序》更加凝练生动。董其昌评曰："少师《韭花帖》略带行体，萧

图4-56　柳公权《蒙诏帖》　　　　　　　图4-57　杜牧《张好好诗》局部

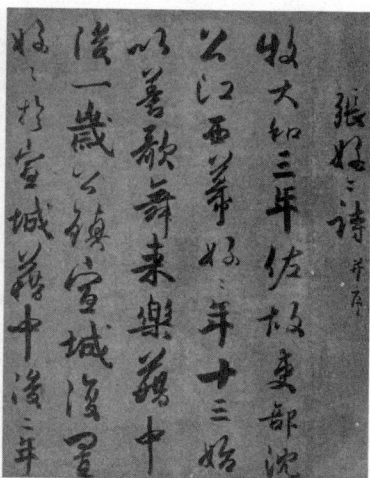

散有致，比少师他书敧侧取态者有殊。然敧侧取态正是少
师佳处。"《卢鸿草堂十志图题跋》（图4-59）的书法则雄
厚古朴，笔画奇崛，笔势飞动，如横飞斜雨，满纸烟云，
淋漓快目，下笔利落处给人以清新气贯的感觉。

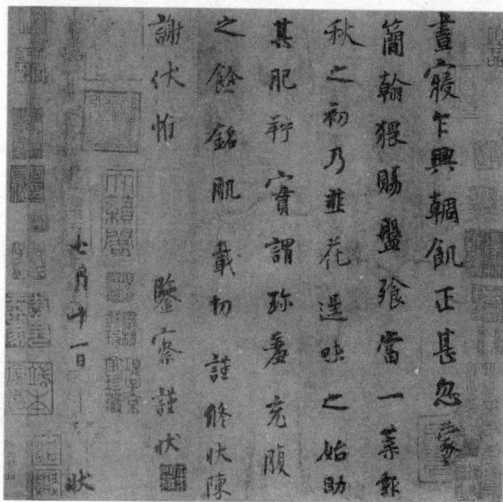

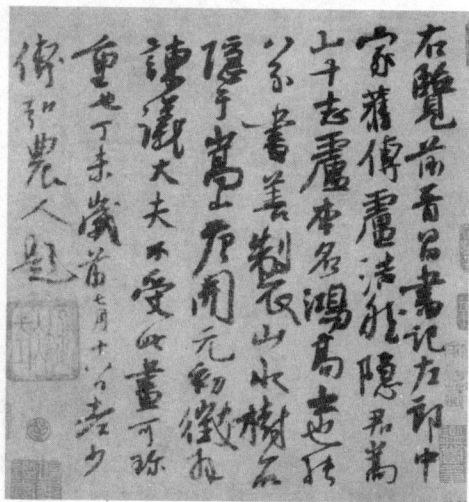

图4-58　杨凝式《韭花帖》　　　　　　图4-59　杨凝式《卢鸿草堂十志图题跋》

　　李建中虽在宋初，实为唐人书法之终，赵孟頫即言
"西台书法去唐未远，犹有唐人余风"，是一个承上启下的
书家。其《土母帖》（图4-60）用笔沉稳，法度谨严，有
欧阳率更神韵，结构淳厚谨严，论者认为此帖清丽圆熟，
姿态横生，深得"二王"笔法。

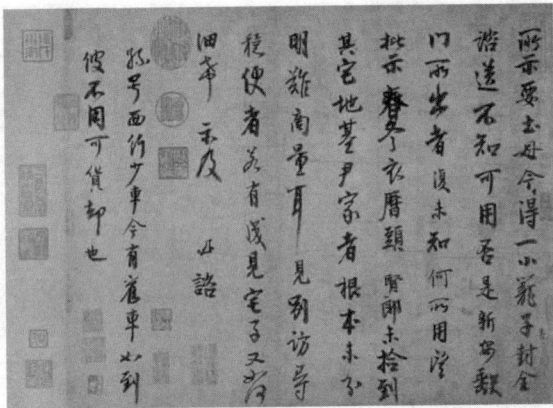

图 4-60　李建中《土母帖》

清代梁巘谓"宋书尚意"，在书法中淡化法而突出意即书家的艺术个性。宋人很少写篆、隶，楷书亦与唐楷大异其趣。其"尚意"者，主要是行书。宋代四家苏、黄、米、蔡大都以行书名世。苏轼自我标榜"我书意造本无法"，是宋代"尚意"书风的代表，其行书丰腴跌宕，极得天真烂漫之趣。其代表作《黄州寒食诗帖》（图 4-61）是苏轼被贬黄州

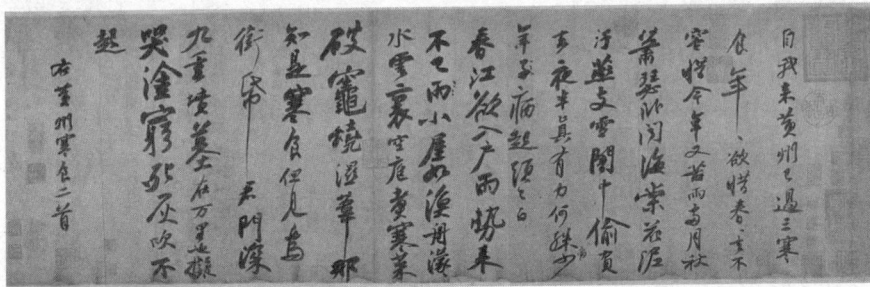

图 4-61　苏轼《黄州寒食诗帖》

第三年的寒食节乘兴所书。诗作苍凉多情，抒写了惆怅孤独的心情。书帖通篇起伏跌宕，气势奔放，被誉为"天下第三行书"。正如黄庭坚在帖后跋语中所谓："此书兼颜鲁公，杨少师，李西台笔意。"它兼有颜真卿、杨凝式和李建中行书的笔意特点，却又是苏东坡在被贬谪的人世坎坷中，在特定的创作背景下偶然为之的不可复制的书法艺术经典，就像王羲之事后不可能再写出《兰亭序》一样，"试使东坡复为之，未必及此"。黄庭坚行书呈辐射式，被称作"黄体"。笔势开张翻腾，起伏自然，点画丰厚而润泽，正由于他能"以意为之"地控制笔毫，所以中宫收敛，四面拓展，呈辐射状，既不拘敛，又不失之野逸，俨然一高士。米芾在继承"二王"传统上下了很大功夫，"收六朝翰墨，副在笔端，故沉着痛快，如乘骏马，进退裕如，不烦鞭勒，无不当人意。然喜效其法者，不过得其

外貌，高视阔步，气韵轩昂，殊未究其本六朝妙处，酝酿
风骨自然超逸也"①。其《蜀素帖》（图4-63）笔法苍老

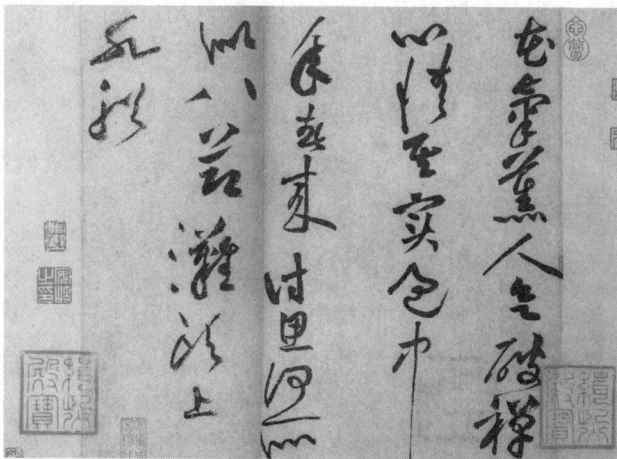

图4-62 黄庭坚《花气薰人帖》

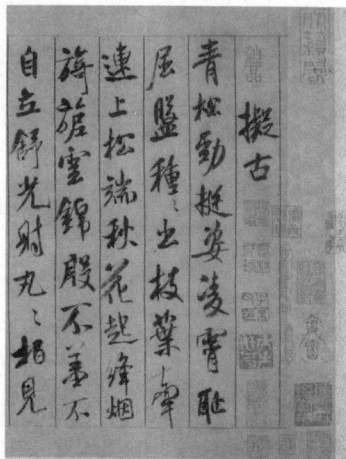

图4-63 米芾《蜀素帖》局部

图4-64 米芾《苕溪诗》局部　　图4-65 蔡襄《茶录》局部

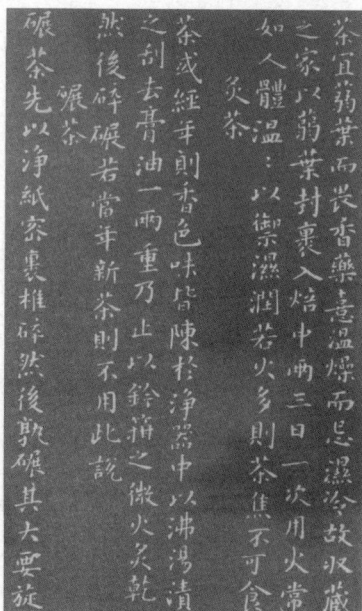

凝练，行笔涩劲，沉稳爽利，清雅绝俗，超神入妙，是南
北朝及唐、五代书风的延续。董其昌跋此帖云："如狮子

---

① 〔宋〕赵构：《翰墨志》，转引自《历代书法论文选》，上海书画出版社，
1979年。

捉象，以全力赴之，为生平杰作。"其《苕溪诗》（图4-64）神采动人，气势逼人，笔法变化丰富，超逸沉着，结字已由早年师欧的紧劲内敛，向宽松外拓发展。米芾曾自谓其书"刷字"，即行笔一气呵成，如风卷残云，多得颜鲁公"屋漏痕"笔意。蔡襄之书，被苏轼推为"本朝第一"，并将其书分为五个等级，小楷列为第二。天资既高，积学深至，心手相应，变态无穷。其小楷书《茶录》（图4-65）结体似颜平原，字势飘逸，颇具晋人风格。

梳理了魏晋至宋朝的行书衍流，可知就行书言，欧阳询虽非卓然大家，但他"劲险刻厉"的行书风范，也自有其独特处。

二、欧阳询行书劲险刻厉的美学特质

欧阳询行书作品的"尚意"风格也很突出。其《仲尼梦奠帖》凡九行，共七十八个字。初唐时期，王羲之的《兰亭序》被奉作行书的圭臬，世人趋之若鹜，无论哪个书家，哪篇书作，都呈现出大体相同的面目。欧阳询却既吸取了南帖行书的笔墨意趣，又借鉴了北碑行书的用笔、结体特点，将两者成功地兼容于一体。《仲尼梦奠帖》中，书家运笔从容，起运流畅，熟练的笔法与完美的结构，处处渗透着书家所追求的质妍互重。全篇用墨浓淡相宜，笔法劲挺瘦硬、转折处皆锋棱凛凛，清劲健拔。周代金文与秦代石刻的意味很浓，既具有北碑的厚重质实，又有南帖的清逸灵动；其结体则取纵势，稳重沉实，欹正相合，用笔则体方而笔圆，于险劲中不乏平整，妩媚中而显刚劲；其章法上下脉络清晰，行气斜欹有度，错落有致，纵收互补，清劲绝尘，完全一派自然风范。

元代郭天锡在此帖跋语中称赞该帖连绵起伏，蝉联凝结，既是"裁萧永之柔懦，拉羲献之筋髓"，"浑得'二王'风气"，可谓渊源有自，却又"出于自得"，是欧阳询转益多师后独立的艺术创作，绝非如当时其他书家那样拼凑前人之作，所以推为"世之欧行第一书也"①。郭氏正是准确解读出此帖所表露出的魏碑中瘦硬峻拔、肃穆雄浑的笔墨情趣，敏锐地把握住了东晋书风中的气韵神采，才判断为欧阳询传世墨迹中最为可信、也最为精彩的一种，其美妙的情调与意趣，渗透了对新笔法与新形式的自负，显示出书家的艺术自信，极好地诠释了欧阳询重法尚意的美学特点。

欧阳询流传有序的名迹，还有《行书千字文》。

《千字文》由于字字不重复深得历代书家青睐，传世墨迹不知凡几。欧阳询所书《千字文》，见于著录的共有三本，一为经北宋蔡襄题识的《正草九歌千字文》，一为南宋初年杨无咎珍藏的《楷书千字文》，一为现存的这本《行书千字文》。这本行书墨迹曾归宋代王诜所有，其后经贾似道等收藏，明时入项元汴天籁阁，清乾隆初年归安岐所有，并摹勒上石，后转入清内府，现在藏于辽宁省博物馆。《行书千字文》后所存王诜题跋，引东坡语谓欧阳询书一般"托于偏险"，否则"无所措其奇"，东坡似乎对此帖情有独钟，一再表示"仆非惟爱此评，又爱其笔札瑰伟，遂白主人而取之。主人自有好事之病，怜我病更甚，故取之而不拒之也。晋卿书"。此本无论从哪方面来看，都具备欧字的基本特征。其点画之间清秀挺拔，转折自如，笔力遒劲，锋芒外露，气宇轩昂；结体则取纵势，狭长纤细，似有千钧之力；其章法气势贯通，舒卷自如，承继了晋人风韵。但后人对此帖却有争议，见到其中"书"字误书为"画"，李渊的"渊"字缺笔以避讳。陈垣先生在《史讳举例》考证认为唐碑中避讳缺笔的，最早见于高宗乾封元年（666）赠《泰师孔宣碑》。此本若为欧阳询早年所书，似无必要着意回避"渊"字之讳。徐邦达先生的《古书画过眼要录》在提到本帖时曾引用宋人黄伯思《东

---

① 张弘：《欧阳询书法鉴赏》，远方出版社，2004 年。

观余论》卷上论虞书《千字文》时所言，认为欧阳询的《千字文》"乃是集其字为之者"，不知是否即指此卷行书，由于资料缺失，难以做出准确判断。率意而论，距事实更远。但仔细研读这本《行书千字文》，无论是欧阳询亲笔所书，还是他人集其字而成，其中所蕴含的审美风格，与欧阳询重法尚意的艺术追求是完全统一的。

此外，欧阳询的行书代表作还有《卜商帖》。《卜商帖》为墨迹本，六行，凡五十三字，现藏于北京故宫博物院。宋《宣和书谱》、清吴升《大观录》、清安岐《墨缘汇观》对此皆有著录，冯铨《快雪堂法书》则有摹刻。此帖为行书，但结字与欧体楷书作品比较近似。细审其笔意，线条力度极强，但笔画之间的牵引映带比较少，粗细变化很大，大多显得饱满丰腴；字的结体显得狭长，上紧下松，左低右高，呈现出明显的倾斜之势；通篇章法疏密有间，字聚行稀，气韵流畅，神采飞扬，可谓欧书"真迹上上神品"[1]。

汉字作为记载语言的符号，书法作为创造意象的艺术，都是借助于点、横、撇、捺、竖的排列组合作为最基本的构成元素。但是，汉字只是根据"六书"的原则，将其规范地组合成含有特定意念的具体的字，以表达具体的内容，此间只存在对与错的问题；书法却是在遵照"六书"的基础上根据审美的原则，追求组合的美感效果，此间存在的是美与不美的问题。欧阳询也意识到，书法尽管也是以汉字作为载体，书法的结构艺术观与单纯作为汉字的结构观并不是同一概念。作为艺术，书作既要具备线条之美，更应追求结构之美。其书论中提出的"排叠、避就、穿插、顶戴、朝揖、向背、覆盖"等关于结字的概念，便是对楷书结构艺术的深刻总结和精确阐释。《九成宫醴泉铭》《温彦博碑》《化度寺碑》等书作也展示出严

---

① 张弘：《欧阳询书法鉴赏》，远方出版社，2004 年。

密精致的结构之美。同时，欧阳询行书《卜商帖》中，字的结体也变化丰富，有的字用笔较粗，以至密不容针，有的字则结构疏朗，似乎疏可走马。在强烈的对比中，在奔放恣意中，形成简洁平淡的审美风格。

对从用笔、结体中所形成的风格美，欧阳询在《卜商帖》中也做了一些有益的探索。他将欧体楷书用笔的瘦硬朴茂，在行书中转化为笔锋金刚般的锋利，其鲜润厚重的墨气，也隐隐透视出北碑的方劲凌厉。其书作或以北派碑书的拙朴，来展示南派帖书的优雅；或以南派帖书的简约线条，来诠释北派碑书的气宇轩昂。欧阳询在书法创作中和书论研究中，不断总结和完善着自己的审美理念，兼容起不同的艺术元素，逐渐形成其重法尚意的美学思想。

体现欧阳询重法尚意美学理念的行书作品，还有《张翰帖》，此帖亦称《季鹰帖》，墨迹本，为唐宋间摹本，凡十行，九十八字。宋代藏于内府，有瘦金书跋语。清初归冯铨所有，刻入《快雪堂法书》，后归清内府，并刻入《三希堂法帖》。

《张翰帖》体现出欧阳询书法艺术的主导风格。整幅帖上字的重心尽管倾向于左侧，却往往出一奇笔压向右侧，整个字的结体遂形成一种左右逆反的趋势，却不会倾斜，因为他用向右用力的笔锋化险为夷。再加之用笔的沉着结实，结体的紧凑舒展，又汲取东晋行书的婉约典雅，遂使整幅作品形成起伏变幻的韵律感，赢得后代书论家的赞赏。张怀瓘即认为欧体行书出于王献之而能自成一家，原因是其用笔森严如矛戟，风神严峻，运笔结体却又跌宕流畅，使得整体看来凝重结实，而其挺拔遒劲的用笔，加之中宫紧凑、收放有致的结体，尽显曼妙、温厚的意韵，体现了欧阳询着意以求的法度。正如欧阳询在《八诀》中所阐释的"气宇融和，精神洒脱"的境界一样，其行书的用笔及结体，营造出来的正是章法上的气韵融合，从而将碑书的粗犷端庄之美，融入温文儒雅的帖书之中，以质妍互重的中和之美，树立了欧书独具的审美特色。

第四节　草书之起伏跌宕

　　起源于东汉时期的草书，在汉灵帝光和年间（178—183）非常流行、蔚然成风。正如赵壹《非草书》所指出的，连"世间彦哲"如梁孔达、姜孟颖等，对草圣张芝的仰慕甚至都超过了孔子和颜回，社会上许多人对草书"专用为务，钻坚仰高，忘其疲劳"，以至于"十日一笔，月数丸墨。领袖如皂，唇齿常黑。虽处众座，不遑谈戏，展指画地，以草刿壁，臂穿皮刮，指爪摧折，见腮出血，犹不休辍"。赵壹对此大不以为然，认为草书为字"无益于工拙，亦如效矉者之增丑，学步者之失节"，而"乡邑不以此较能，朝廷不以此科吏，博士不以此讲试，四科不以此求备，征聘不问此意，考绩不课此字。善既不达于政，而拙无损于治"。如果赵壹所指出的当时对草书这种趋之若鹜的现象是存在的，那么缺乏实用性的草书学习，又为什么会出现这种现象呢？原因大概要从草书的艺术性上来加以解释。赵壹所谈，是排除草书的实用性，但其艺术性却是不容漠视的。较之其他书体，草书的抒情性最为强烈。由于它排除了实用性，也不追求功利性，最便于书家自由地抒写喷涌于心中的思想感情，因而艺术性最强。再加上东汉后期中国的各种艺术理念形成，各种艺术形式已经逐渐"自觉"，汉字也由先秦、西汉时期记言作文的线条符号，逐渐演变升华为抒情达意的艺术形式。书家们已经不是在"写字"，而是"作字"，落笔之前先散怀抱，以任情恣性，酝酿情绪，再以各自独特的审美意识，借笔墨线条以传达、表现自己的审美追求。此时，排除了功利目的草书的盛行，也就水到渠成了。

　　草书产生后，又分为章草、真草（今草）和狂草等形式。章草传为史游所创，但正史无载，而且史游的《急就章》也不见传世。东汉章帝时，杜度、崔瑗均以善章草而盛名于世，后人并称为"崔杜"。汉章帝好儒善书，唐代张彦远《书法要录》认为"章草本汉章帝书也，今官帖有'海咸河淡'，其书为后世章草宗"。章帝尤其喜欢杜度之书，曾下诏命杜度以章草写奏折，以示其字之珍贵。三国魏人韦诞评杜度章草书"杰有骨力而字画微瘦，若霜林无叶，瀑水迸飞"。崔瑗的章草书则"结字工巧"，"点画皆如铁石"，"如危峰阻日，孤松一枝"。唐张怀瓘在《书断》中将杜度、崔瑗的章草列为神品。

汉末，崔、杜二人的弟子张芝创造了真草（今草）。盛唐时期，张旭创造了狂草。草书的三大形态已经完备。

一、真草、狂草之分野

据张怀瓘《书断》记载，张芝原先擅长章草，"学崔杜之法"，后来脱去旧习，"因而变之"，省减了章草的点画波磔，创造出了今草书。王羲之论汉魏书迹，首推钟（繇）张（芝），认为"草之书，字字区别，张芝变为流水速，拨茅连茹，上下牵连，或借上字之下而为下字之上，奇形离合，数意兼包，若悬猿饮涧之象，钩锁连环之状，神化自若，变态无穷"。

王羲之这段评述，不仅概括了张芝今草书的艺术特点，也是对今草这种书体基本特点的深刻总结。王羲之、王献之传世的今草书作品，也"神化自若，变态无穷"，秀媚敦厚而又潇洒自如，将这种艺术特点发挥到了极致。

初唐时期今草书的代表作品，是孙过庭的《书谱》（图4-67）和贺知章的《孝经》（图4-68）。《书谱》的今草书迹上追东晋"二王"今草，又旁采汉代章草，融二者为一体并出之以己意，所以笔笔规范，极具法度。故米芾《书史》中评其"甚有右军法，

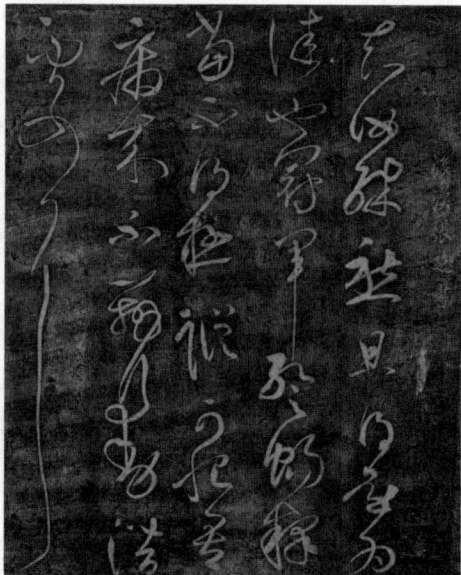

图4-66 张芝《冠军帖》（书法赏析）

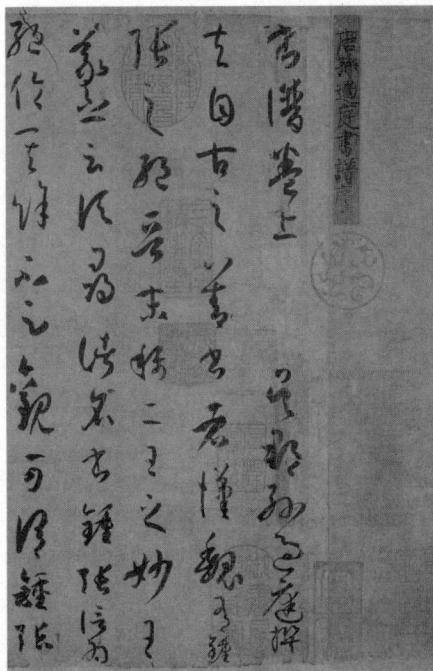

图 4-67 孙过庭《书谱》局部　　图 4-68 贺知章《孝经》局部

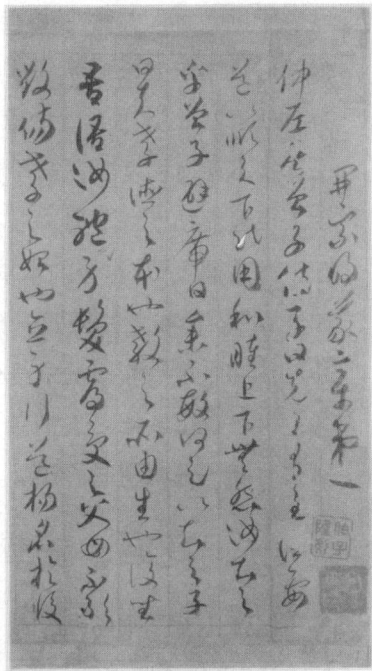

作字落脚差近前而直，此乃过庭法"；从而判断"凡称右军书有此等字，皆孙笔也。凡唐草得"二王"法，无出其右"。刘熙载《艺概》也称许孙过庭《书谱》的草书，"在唐为善宗晋法"，其"用笔破而愈完，纷而愈治，飘逸愈沉着，婀娜愈刚健"。孙过庭《书谱》谓古质而今妍，而自家书却是："妍之份数居多"。贺知章之今草《孝经》与《书谱》风格相近，通篇气势奔放，落笔精绝，笔法劲健，意境高远。

刘熙载《艺概》评孙过庭《书谱》今草墨迹"妍之份数居多"，参照就是"试以旭、素之质比之自见"。说明同样是草书，孙过庭属于今草，张旭、怀素属于狂草，两者艺术风格自不相同，意境也大不相同。若将孙氏的《书谱》、贺氏的《孝经》与张旭的《肚痛帖》（图 4-69）、《古诗四帖》，怀素的《自叙帖》（图 4-70）、《苦笋帖》（图 4-71）等狂草书作相较，审美情趣显然不同。这些狂草书作打破了魏晋以来今草书风格的拘谨，在今草书原有的结构基础上，将上下两字的笔画紧密相连，所谓"连绵

图 4-69　张旭《肚痛帖》

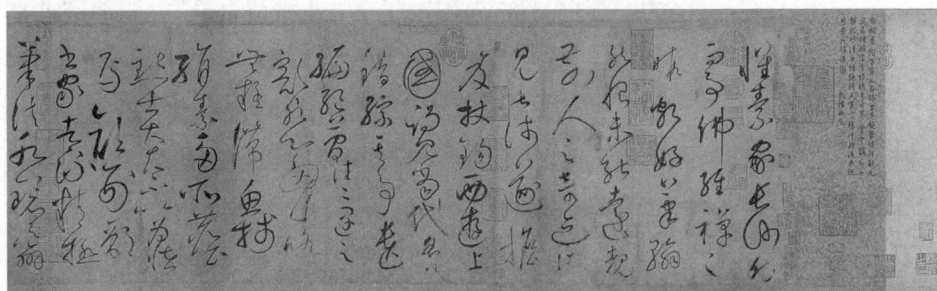

图 4-70　怀素《自叙帖》局部

环绕"，在章法安排上也显得疏密相差很大。在书写上，
狂草书也一反魏晋"匆匆不及草书"传统的四平八稳的书
写速度，而是在疾速的奔放中写意抒情。
《肚痛帖》甚至是蘸饱墨后一次写数字，
直至墨竭再蘸一笔，从而保持了字与字之
间的气脉贯通，还有效地控制了笔画粗细
轻重的变化，整幅作品气韵极其生动，产
生了"神虬出霄汉，夏云出嵩华"的磅
礴气势。

　　唐代以张旭和怀素为代表的狂草书法
的产生，对中国书法艺术史来说无疑是石
破天惊的。中国的书法艺术在张旭以前已
经呈现出个性化的审美追求，即如尚法的

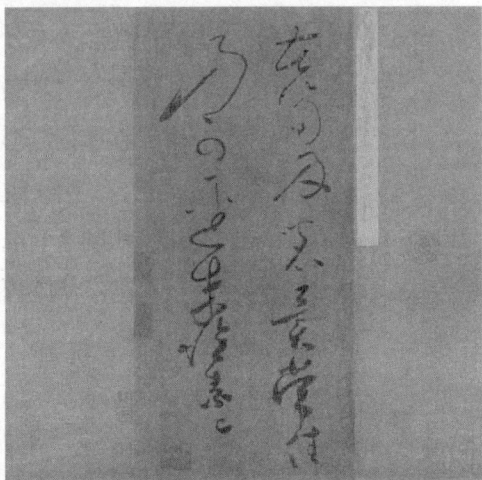

图 4-71　怀素《苦笋帖》

初唐四家，其楷书作品也呈现出不同的面目，以传达自己对书法文化发展趋向的认识，孙过庭、贺知章的真草也宣泄出各自独特的审美情趣。但是，这种传达与宣泄，却始终没有完全脱离汉字固有的六书结构的基本法则，并没有脱离汉字记言作文的实用主义目的。真草书也就没有成为借助于笔墨线条以抒情达意的纯艺术形式，成为书家驰骋才情的艺术结晶。直到盛唐时期，张旭"脱帽露顶王公前，挥毫落纸如云烟"①，挥洒出狂草书以后，草书才迈出了从实用到艺术这关键性的一步。

值得注意的是，作为盛唐艺术的杰出代表，张旭狂草书和李白歌行创作的特定情景完全相似，都是借助于酒力。李白自称"酒中仙"，"斗酒诗百篇"，张旭"斗酒草圣传"，显然都是借助酒力以酝酿创作情绪，激发创作激情，奉献出从性灵之中喷涌而出的艺术杰作。作为书法艺术家，张旭将书法尤其是狂草书以全新的艺术形式奉献给了社会，奉献给了历史，奉献给了人类世界，把中国书法推上了纯艺术的高度。他"观天地事物之变"，"有动于心，一寓于书"的书法创作原则，他把自己的思想感情凝聚于流动多变的书法线条的组合形式，将中国的书法艺术升华到了"心迹""心画"的最高境界。

如果说，狂草这种"奇怪百出"的线条运动轨迹和组合形式有什么源流和规矩的话，那么，这种源流与规矩就不是文字的线条形状及其组合方式，而是中国文化特有的心理积淀形式和感情宣泄渠道。

应该说，欧阳询的草书作品，是对此前章草、今草艺术风格的继承和发展，尽管还没有达到"狂"的境界，但已经流露出狂草书即将产生的端倪。

---

① 〔唐〕杜甫：《饮中八仙歌》。

二、欧阳询草书起伏跌宕的美学特质

欧阳询"尚意"的美学特点，也表现在他的草书作品《正草九歌千字文》中。米芾《书史》中赞此作"精彩动人"。欧阳询的草书与王羲之宁静平和的草书《十七帖》不同，其《正草九歌千字文》写得婉转婀娜，跌宕起伏，在奔放洒脱之间，仍然法度森严，点画之间穿插挪让，章法上和谐典雅，将各种不同的风格因素完美地兼容一体。

欧阳询在《传授诀》中强调："每秉笔必在圆正，气力纵横重轻，凝神静虑"，其关键是"当审字势，四面停匀，八边具备；短长合度，粗细折中；心眼准程，疏密欹正"，运笔时"最不可忙，忙则失势；次不可缓，缓则骨痴"。在《正草九歌千字文》中，欧阳询也是将润燥、轻重、短长、粗细、疏密、欹正、疾缓等微观因素，融入整体统一的宏观之中，气韵沉静流畅，却显得气势跌宕起伏。细细观赏这本草书字帖，运笔挥洒之间，用笔结体毫不拘谨，而笔墨情趣完美结合，其中所映现的尚意之气尤为强烈，深得《兰亭序》飘逸灵动之神采。

钟明善教授指出："唐代大书家都在追求'意'。"①确乎如此！因为即使法度森严如欧阳询，在创作中也追求"意"与"法"的兼容，其草书书作即展现了这种追求。刘勰谓"时运交移，质文代变"②，是说艺术风格必须随着时代的发展而不断变化。《正草九歌千字文》正是将晋书之风韵、隋碑之洗练与唐楷之法度完美地相结合，才生机盎然，纷错跳跃，使得每行字的大小、俯仰、正侧映带相成，呼应有致。线条凝练若柔韧的蒲草一样，行气从容似行云流水一般，将"法"与"意"完美地融合在一起。

孙过庭在《书谱》中强调书作要抒情写意，书家的感

---

① 钟明善：《中国书法文化根性的超越》，《书法报》，2003 年第 3 期。
② 〔南朝梁〕刘勰：《文心雕龙》，新文化书社，1934 年。

情色彩不同，创作的规定情景不同，映现在作品中的风格也就不同。而在各种不同的艺术风格之中，由于时代审美趋向的影响，孙过庭更追求以王羲之书作的"志气平和，不激不厉"为上。欧阳询的今草书创作，也映现出这种艺术风格，但他却是以险劲打破齐整，以凌厉打破优雅，以朴拙打破秀美，于险峻中寻求沉稳，于冲突中寻求和谐，因而视觉效果特别强烈。对他来说，笔墨技巧因素已经退居次要，审美意识已经成为衡量艺术价值的最高条件。他正是于不激不厉之中，达到了孙过庭所要求的志气平和。

欧阳询书论中重法尚意的美学观，完美地体现在他的书作之中。其各种书体质妍互重，无一不表现出他的审美情趣。他的用笔与结体完全符合艺术的黄金律，展示出来自章法气韵上的华美。也有人讥笑欧体楷书为明清千字一面的用于科举考试的"馆阁体"的滥觞，今人尤其是一些书法从业者以涂鸦为快，对所谓的"馆阁体"不屑一顾。"然而，对他们来说，不是嘲笑'馆阁体'，而是能把字写得达到馆阁的水平，也就勉为其难了。"① 世间万事尤其是艺术创作，无规矩难以成方圆。故为艺者必须先从规矩入手，先磨砺出工匠的技巧，再从规矩中跳出，展现艺术家的才情。事实证明，由拙至巧，再由巧返拙，方能在继承中创新。

总之，欧阳询的书法美学探索，是由法至意，再由意返法，最终形成其重法尚意的美学思想。

---

① 钟明善：《中国书法史》，河北美术出版社，2002 年。

第五章　欧阳询书法对后世
书坛之影响

　　欧阳询对于唐代以及后世的书法艺术产生了广泛而深远的影响。当然，从中晚唐、宋、元、明、清迄今，不同的时代以其历史渊源与书学流派所致，对于欧阳询书法艺术本身的认知程度和审美偏向，也不尽相同。

　　欧阳询以其书艺、书论所构建的书史形象，对后世的影响既有有形的，如其书论的艺术见解和楷书的写作技巧；也有无形的，如对一代书风的引导。这种艺术现象，涉及文化传播的独特方式。

　　文化的传播有两种渠道，即互渗和无意识。互渗又分为纵向和横向两种，纵向即对后世的渗透，横向即当时所产生的社会效应。这两种渗透，往往是无意识的，亦即受众在一种特定的文化氛围中，不自觉地受到感染，体悟到"就应该如此"，而"不应该那样"。这种感知尽管是潜在的，还没有上升到认知层面，却影响到受众的行为方式和创作情态。

　　欧阳询的书艺、书论对当时和后世的影响，也表现出这种特点。有有形的直接影响，如其楷书艺术直接影响到颜真卿和柳公权，其书论中的结构三十六法，影响到黄自元的间架结构九十二法。但更多的是其楷书所取得的艺术成就，其所形成的南北兼容的书风，其书论中在魏晋南北朝尚意基础上张扬的重法倾向，在唐代以后中国书法艺术的发展过程中，已经成为对书家一种常规性的导向，成为后代书论家和书法家以至书法欣赏者常规的心理。自觉不自觉地认为书法就应该这样发展，否则就是旁门左道；楷书就应该这样写，否则就不是楷书，甚至不是书法。古代是这样，如宋代以后南帖兴盛，清代则张扬北碑；现代也是这样，今人不满于流行书风，将其称作"丑书""俗书"。而今人判断"丑"与"俗"的标准，还是欧阳询以其《九成宫醴泉铭》等法书和《结字三十六法》等书论所确立的书法之法。

因此，研究欧阳询书史形象在书史上的影响，不能只看受影响者是否提到欧阳询的名字，是否写的是欧体，而是对当时和后世的书法现象寻根溯源，探讨其根和源是否导源于或者植根于欧阳询的书论和书艺。

第一节　兼容南北之书风影响

艺术的兼容南北，是南北朝后期已经出现的发展趋势。由于此前的艺术在不同的地理环境、经济基础和社会结构中独立发展，所形成的截然不同的艺术风格和发展倾向，使得南北艺术各有所长，也不可避免地各有所短。无论是文学还是书法、绘画，都是这样。随着时代由分裂逐渐走向统一，随着北方再一次成为政治、经济、文化的中心，这种兼容南北，就成为艺术发展的一种必然倾向。诗坛上自庾信开始在创作实践中兼容南北诗风，至隋代杨素、卢思道、薛道衡等人的诗作进一步将南北方诗风融为一体，导引出唐初陈子昂在幽州台上的振臂一呼。就书法而言，欧阳询以历仕三朝的独特经历、敏锐的艺术眼光、转益多师的学书实践和"居高声自远"的文化地位，从理论上敏锐而自觉地把握住了、从艺术实践中认真体现出了艺术发展的这一倾向，从而不仅给唐代，而且给宋代以后书法艺术的发展，揭示出一条唯一正确的道路。

一、唐代书法的发展趋势

唐代书法在初、盛、中、晚唐时期的发展趋势，与其社会环境和文化背景的变化保持同步。而自初唐后，欧阳询兼容南北的影响始终存在。

唐代书法起源于北朝，其审美情趣开始由北向南转移。唐初统治者尽管接受了南朝以骄奢亡国的教训，却依然抵御不了江南文明的诱惑。但作为政治、军事上的征服者，唐人对南方书法的接受，也必然染上深刻的朔北风习，从而自觉不自觉地对南朝书法进行一定程度的转换。欧阳询因而一方面从技法上廓清了书法的用笔与结构之理，另一方面又将风骨之美与严密的技法紧紧联系起来，从而造成"中和之美"，也就是将精巧的形式与雄阔的气势相结合。

以颜真卿为代表的盛唐书家，身处唐王朝鼎盛时期，眼界更为开阔，心胸更为博大。他们一方面继承了欧阳询书法兼容南北的艺术传统，另一方面又植根于盛唐独特的社会环境和文化背景，将北朝雄强博大的书风推向极致，这就是颜真卿集大成的楷书及其行书艺术。同时，当时的书论尽管对初唐即尊为书圣的王羲之，也表现出一种居高临下的审视态度，但其基本的主张还是南北兼容。张怀瓘在《书断》《论用笔十法》《评书药石论》《二王等书录》等书论中，有着对书法技巧形式的大量论述，既提倡北书的风骨之强，又礼赞南书的神采之美。

盛唐以降，在欧阳询开创的兼容南北的书风中，南书的神采之美有所减弱，北书的风骨之气进一步增强，其代表就是柳公权的楷书。中晚唐时期的书论，则对法度产生了胶柱鼓瑟式的信赖和迷恋，从而将"法度"庸俗化。韩愈的《送高闲上人序》，历史地成为从唐至宋书法创作和理论批评转换的枢纽。

中晚唐书法创作和书论研究重北法而轻南意的偏颇倾向，恰好证明了欧阳询兼容南北的书法创作实践和理论主张的正确性，只是重南意的倾向又掩盖了轻北法的倾向，于是，才导引出元代书法"复古"的倾向。

二、宋书的"尚意"与元书的"复古"

欧阳询的书论和书艺对宋代书家的影响，仅从一个小插曲中就可以看出来。欧氏《八诀》和《结字三十六法》两篇书论的文本中，有"高宗书法""东坡先生"及"学欧书者"等语。《佩文斋书画谱》据此在题后注中判断"必非唐人所撰，故附于宋代之末"，今人则从这两篇书论中所阐述的书理，再与欧阳询的书法相比照，认为这些书论观点出在唐初、出在欧阳询笔下是最合适的。至于文本中那些涉及宋代人事的字句，应该是宋代书家读欧阳询这两篇书论时，写在上面的夹注、间注和眉批，被人误作正文抄写进去。这应该也是宋代书家接受欧阳询影响的一个佐证。

中晚唐书家和书法理论家将北书"法度"庸俗化的倾向，因为有悖于欧阳询所揭示的书法艺术发展的内在逻辑，被五代宋元书家所扬弃，而在"逸"的思想环境中产生了"尚意"的倾向。这个"意"，即向南书之"韵"的回归。

"宋代书法给我们的感觉似是一个江南山乡"①，这种感觉来自于苏、黄、米、蔡的书作风格。宋代的楷书即如苏轼的《丰乐亭记》（图5-1）、《醉翁亭记》（图5-2）等虽标榜学颜柳，却既无颜筋，也无柳骨；既没有颜真卿的雄强博大之气，也没有柳公权的瘦硬劲健之风。虽没有达到欧阳询的成就水平，却差相似之。

针对中晚唐将法度庸俗化，宋人有意识地强调"无法"。苏轼尽管"少年喜'二王'书，晚乃喜颜平原"，但却标榜"我书意造本无法"，黄庭坚也宣称"老夫之书本无法"。这倒不是真的无法，实际上正如王安石书学杨凝式，得晋人笔墨之意，自成一格。这不是僵化之法，而

---

① 姜寿田：《中国书法批评史》，中国美术学院出版社，1997年。

图 5-1　苏轼《丰乐亭记》局部

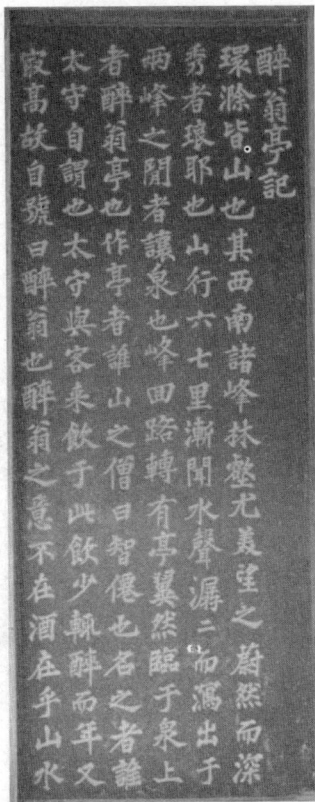

图 5-2　苏轼《醉翁亭记》局部

是善于学书而为我用，通汇包括历代积累的技法和技法之外的自然万物之法，亦即与主体精神融为一体，成为主体精神外化（物化）的无彼无此、亦彼亦此的意中之法。欧阳修就对"柳公权之法"不以为然，而强调"羲、献之书可以意得"。这样一来，就使得书法之法不再如中唐人那样僵化，而服从于主体的精神，亦即"尚意"。苏轼是宋代尚意书风第一位真正的旗手。他主张"书必有神、气、骨、血、肉，五者阙一，不为成书"，其书"自出新意"，"字形温润，无一点俗气，胸中有书数千卷，则书不病韵"。

　　欧阳修首倡、苏轼弘扬的南书尚意之风，苏、黄、米、蔡等主流书家在书法创作中加以实践，可以说是对欧阳询所兼容的南书之意的继承。宋人对中晚唐将北书之法僵化倾向的逆反是对的，却无形中淡化了北书之法，至南宋时书家就反其道而行之了。

应该说，两宋书家也有取法唐楷的，如北宋韩琦（1008-1075）正书学颜真卿，其书骨力壮伟，端严厚重，安静祥密，从容和豫，确有"颜筋柳骨"之韵。南宋初年，张孝祥（1132—1169）因廷试策论试卷点画遒劲，很有颜书气韵，被宋高宗点为状元，秦桧问其"书何字"，他答以"法颜字"。据说岳飞也学颜书，其"还我河山"及"岳飞"的题名雄浑峻拔，老墨飞动，颇具颜味（图5-3）。

图5-3　岳飞《还我河山》

但是，宋人对书法的整体审美意识还是尚意、轻法、重情趣。他们尽管捡起了欧阳询崇尚的南书之意，却淡化了他在理论上强调、在创作实践中体现的唐书之法，故宋书虽有意趣而无风骨。项穆在《书法雅言》的"正宗""大家""名家""正源""傍流"等五品中，将苏、黄、米列为"傍流"，指出他们的书作"纵放悍怒，贾巧露锋，标置狂颠，恣来肆往，引伦蛇挂，顿拟蟆蹲，或枯瘦而巉岩，或秾肥而泛滥"，又连用喻体，以斥其书：

> 苏、米之迹，世争临摹，予独哂为效颦者，岂妄言无谓哉！苏之点画雄劲，米之气势超动，是其长也。苏之秾笔棱侧，米之猛放骄淫，是其短也。皆缘天姿虽胜，学力乃疏，手不从心，借此掩丑，譬夫优伶在场，歌喉不接，假彼锣鼓乱兹音声耳。①

———————————

① 〔明〕项穆：《书法雅言》，转引自《历代书法论文选》，上海书画出版社，1979年。

苏轼、米芾在南宋的后继者们才疏学浅，有胆无识，狂躁粗俗，徒知皮毛，流弊所掩，风韵扫地。正如宋高宗赵构所指出的："其点画位置，殆无一毫名世。"①

于是，元代在科场和仕途上没有出路的书家，便以欧阳询兼容南北为指导思想，树起了晋韵与唐法的大旗。他们认为在书法上由唐入晋即由"法"入"韵"，不啻是矫正南宋书法流弊的一条正确途径，而欧阳询等唐代书家无一不是绍述魏晋风度和右军之法的继往开来者。郭天锡在《题欧阳询〈梦奠帖〉》中就说道："率更初学王逸少书，后渐变其体，笔力险劲，为一时之绝。人得其尺牍，咸以为楷范。其《梦奠帖》劲险刻厉，森森然若武库之戈戟，向背转折，深得'二王'风气。"②

元代的书家以欧阳询为榜样，将书风的构建与审美追求指向了温和典雅、秀逸遒美的模式，形成了书史上以古为新、借古开今独特的"复古"倾向。

元人欲救宋人之失，既溯源魏晋而近古，又欲借鉴唐法而近雅。他们指出，宋代一些书家对书法法度与规定的率意和轻视的不良倾向，视其书作之"病处乃自成妍"。鲜于枢即指出，唐代张旭、怀素、高闲等草书之法，"至山谷而大坏"。于是，他们仰慕唐代书家，力图恢复唐"法"，认为由唐入晋是书法学习和传统承继的不二法门。赵孟頫即认为"学唐不失规矩"，"学晋"应从"唐入"。因为以欧阳询为代表的唐代书家赓续魏晋，蝉接前贤，继往开来，发扬光大。"信本（欧阳询）行书蝉联起伏，凝结遒耸，裁萧永之柔懦，拉羲献之筋髓，比之诸势，出于自得。"③

陈振濂认为："元代这股复古思潮无论在思想或创作

---

① 〔宋〕赵构：《翰墨志》，转引自《历代书法论文选》，上海书画出版社，1979 年。

②③〔元〕郭天锡：《题欧阳询〈梦奠帖〉》，上海古典文学出版社，1958 年。

实践上都完全以晋唐为依归，是一次不折不扣的复古运动，它也同样获得了历史的认可。"① 应该说，元代书家的理论认知是正确的，但在楷书的创作实践上却还没有完全体现出其理论认识的高度。以赵孟頫为代表的元代书家，与欧阳询等唐代书家相较，其楷书书作中尽管"尚意"，似乎恢复了晋书玄淡简远、超尘绝俗的神韵，却并没有完全"重法"，没有恢复唐代楷书谨严精美的法度。

元人书论有识而楷书创作无力，是时代使然，也是个体因素使然。也就是说，他们有欧阳询的理论认知，而缺乏欧阳询的艺术才力。

三、明、清书法对"法" 与"意"的呼唤

在明代这个将扼杀性灵的程朱理学发展到顶峰的儒教大一统时代，政治、思想、文化的专制主义也发展到极端，文人学士只有抄古仿古才能得以全身存家。他们行必中规矩，言必事仿佛，不能越雷池一步，成为当时唯一的审美评价标准。于是，书坛弥漫着尚古的风气，表现出对唐"法"的热情。这时出现的李淳《大字结构八十四法》，便是自元代以后对唐"法"又一次的特别推扬。

在晚明帖学书法陷于进退两难窘境的情形下，董其昌（1555—1636）从儒家中庸思想出发，运用圆融的折中性致思，着力调和"法"与"意"之间的关系。他将北宋"淡意"的审美模式引入帖学，使"意"从"法"的桎梏中解脱出来，获得了生存的空间。由于对"法"的消解在很大程度上引起了对唐法的误解，董其昌便将对"法"的反拨加以泛化，从唐法中引申出广义上的"法"。不仅如此，为了维护晋韵唐法一体化，他还以"淡意"的审美模式，将晋、唐书法做了贯通。他没有一味强调崇王

① 陈振濂：《书法学》，江苏教育出版社，1992 年。

入晋，将唐法抛到脑后，而是打通晋、唐的隔阂，并且断言舍唐法而无以入晋："晋唐人结字，须一一录出，时长参取，此最关要。余于虞、褚、颜、欧皆曾仿佛十一。自学柳诚悬，方悟用笔古淡处，自今以往，不得舍柳法而趋右军也。"①

当然，董其昌也不是死守晋韵唐法，而是经过顿悟近而尚神。他主张应如禅宗所力避的那样，不能死于句下，而要活参："盖书家妙在能合，神在能离。所欲离者，非欧、虞、褚、薛诸名家伎俩，直欲脱去右军老子习气，所以难耳。书须参离合，杨凝式非不能为欧、虞诸家之体，正为离以取势耳。"②在他看来，意也者，法也者，都不能一成不变，都应该随着时代的发展而有新的面目，绝不能僵化。他还将自己的书法与赵孟頫相较，认为其书法与赵孟頫各有短长。从行间茂密，千字一面的角度审视，董其昌自认为不如赵孟頫；但如果从临摹历代法帖的角度来看，却自认超过了赵孟頫。此外，董其昌还认为赵孟頫的书法用笔过于圆熟因而有俗态，而自己的书法首先用笔娟秀，其次往往作书时能够率意为之，而没有刻意为之，即"作意者少耳"，因此赵书又输一筹。通过比较，突出的是"率意""作意"。

明末清初的傅山（1607—1684）论书强调"正入变出"。所谓"正入"，就是循之古法；"变出"，就是写出自己之意。此论亦即从法入而从意出。他在《作字示儿孙》一文中还结合自己的学书经历加以阐释道："弱冠学晋、唐人楷法，皆不能肖。及得松雪、香光墨迹，爱其圆转流丽，稍临之，则遂乱真矣。已而乃愧之，曰，是如学正人君子者，每觉觚棱难近；降而与匪人游，不觉其日亲者。松雪何尝不学右军，而结果浅俗，至类驹王之无骨，

①②〔明〕董其昌：《画禅室随笔》，转引自《历代书法论文选》，上海书画出版社，1979年。

心术坏而手随之也，于是复学颜太师。"这就是说，学书先学唐人之法，"如学正人君子"；若法未立而从意入，便会"降而与匪人游"，终究难成正果。

清代出现的"馆阁体"书法，作为科举考试答卷的专用书体，要求写得"乌"（墨色黑浓）、"方"（结字齐整，章法排列如算子）、"光"（点画光滑，不见运笔起落痕迹）。这实际上是对"法"的僵化，它将鲜活的"法"推向极端，完全抹杀了书法应该传达的"意"。它表面上"配制均停，调和安协，修短合度，轻重中衡。分行布白，纵横合乎阡陌之经"①，似乎法度谨严至极，实际上刻板僵化，死气沉沉，不但没有古意，且也没有个性，各人写出来，千篇一律，差不多和铅字一样。

与此相反，清初红火至极的赵体、董体热，可以说是"意"的僵化。康熙皇帝喜爱董其昌书，于是自童蒙学子到王公大臣，一时如蓬从风，皆尊董书为圭臬。乾隆时，也觉得董风太过凋敝，与"泱泱承平"的"国朝气象"不相符，于是又转向崇尚赵孟頫。乾隆将自己蹩脚的赵体书法，题遍了清廷所珍藏的历代书画名迹，朝野书风更加圆腴丰甜。

正是针对书坛这种将"意"与"法"僵化的倾向，冯班在《钝吟书要》中提出"本领说"："本领者，将军也；心意者，副将也。本领极要紧，心意附本领而生。"②似乎强调功力的重要而有轻视"心意"之嫌，实际上是针对泛滥一时的董、赵遗风而矫枉过正，他实际上是主张法、意并重而互参：晋人循理而遂法生，唐人用法则意出，宋人用意然古法俱在。

清末，赵之谦（1829—1884）似乎是响应了冯班的

---

① 〔清〕康有为：《广艺舟双楫》，转引自《历代书法论文选》，上海书画出版社，1979 年。

② 〔清〕冯班：《钝吟书要》，转引自《历代书法论文选》，上海书画出版社，1979 年。

"本领说"，学书强调功力，兼得书意。他从颜楷入手，学其间架结构，又改习北碑，临摹《郑文公碑》《张猛龙碑》以及北魏造像，学其古朴之意。他将包世臣"钩捺抵送，万毫齐力"的笔法，运用到所写的书体之中，在隶书中用篆书笔意，在楷书中用隶书笔意，又用颜真卿的笔法来写北碑，因而其书法笔力坚实，气机流畅，仪态万方，有"颜底魏面"之誉，开创了碑学中秀雅灵媚的门派。

总之，对欧阳询尚意重法的书论思想和书艺实践，后人在理论上似从无争议，但在书法实践中却或尚意，或重法，很少加以完美地体现，也一直成为书人努力的方向。直到近现代，康有为与于右任，白蕉与沈尹默，都分别在重法与尚意方面进行着艰苦的探索，形成了有价值的艺术取向。

第二节　重法倾向之书论影响

应该说，无论何种艺术样式，自其产生之日起，就有法可循。

先秦《诗经》中不同时期、地域、阶层所创作的诗篇，不约而同地采用以四言为主间有杂言的句式、隔句的押韵、重章叠句的结构，就是当时人认可的诗之法。书法也是这样，殷代甲骨文、周代金文、秦国篆书、汉代隶书的用笔、结字、章法各有其法，否则何以成为一个时代具有代表性的书体？其法尽管是出以天籁，成于自然，人们在创作中却约定俗成，自觉遵守。待到汉末魏晋南北朝，中国艺术进入"自觉"发展时期，诗人开始自觉地讲究"四声八病"，创作出"永明体"这种新体诗。书家对于书法之法的追求，更为自觉、理智和明确。这从扬雄、蔡邕、王羲之等人的论述和创作实践中就可以看出来。降及唐代，经文章四友、初唐四杰的实践，沈佺期、宋之问"回忌声病，约句准篇，如锦绣成文。学者宗之，号为沈、宋"，五、七言律绝的声律形式遂正式定型。欧阳询正是从创作实践和书论研究中确立了书法之法。可以说，正是从欧阳询开始，中国书法进一步有法可循。

欧阳询重法的书论，是对前代书法创作实践和体悟式书论的总结。这种理论上的自觉，给当时的书论家以深刻的启示，给后代的书论家以深远的影响。

一、对《书谱》"质以代兴，妍因俗易"论的启示

孙过庭虽与欧阳询同是初唐人，但却是在欧阳询、虞世南过世后才出生的，所以两人不可能有过直接的交往。但据孙过庭"四十见君"且"得名翰墨间"，书作得到太宗的赏识，"文皇尝谓过庭小子，书乱'二王'"。他对此前曾以书法见重于唐太宗的欧阳询及其书艺风格和书论见解，应该是充分了解的。在这个书法时代的交接中，孙过庭顺利地接过了欧阳询手中那根重法的接力棒。

欧阳询所开启的重法倾向，在孙过庭的《书谱》中确实得到了进一步的展开；欧体的技法形式与风骨兴寄，同样受到《书谱》高度的重视。

欧阳询从儒家文化立场出发，对书法之"法度"的建构，成为这一时期书论的主流意识。所以，孙过庭对当时欧阳询等初唐书家书法创作实践中所体现的、在书论中所探讨的书法之法，既"见成功之美"，又"悟所致之由"，在《书谱》中一方面显现出对书法秩序化建设的信心，另一方面已经崭露出对汉魏风骨的企望。

孙过庭认为，"质以代兴，妍因俗易"，并用孔子的"文质彬彬，然后君子"，主张将北书外在的形式与南书内在的品质高度融合起来。他重视书法之法，认为对书法之法就是要既雕又琢，须务存骨气，而风骨之美即笔力之美。其美既来自点画，"真以点画为形质，使转为情性"，楷书就是要"形质"（即"点画"之法度）与"情性"（即"使转"所产生的韵味）兼具；也来自结构章法的

"违而不犯，和而不同"。书家对书法之法就是要"心不厌精，手不忘熟"。他反对"任笔为体，聚墨成形"，因为创作中这种"心昏拟效之方，手迷挥运之理"的轻率之举，是对魏晋书法的误解，是对书法之法的漠视，其所为之体、所聚之形，只是无法之书，时人将其称作"野狐禅"。《书谱》对书法的执、使、转、用之法做了详尽的论述："执，谓深浅长短之类是也；使，谓纵横牵掣之类是也；转，谓钩环盘纡之类是也；用，谓点画向背之类是也。"这实际上已经涉及欧阳询《结字三十六法》所阐释的执笔法、用笔法和结构法。孙过庭也尚意，"骨既存矣，而遒润加之"。他以王羲之的书法创作为例："写《乐毅》则情多怫郁，书《画赞》则意涉瑰奇，《黄庭经》则怡怿虚无，《太师箴》又纵横争折。暨乎兰亭兴集，思逸神超；私门诫誓，情拘志惨。所谓涉乐方笑，言哀已叹。"[①] 说明书法创作就是要"情动形言，取会风骚之意；阳舒阴惨，本乎天地之心"，书法的最高境界即是"达其性情，形其哀乐"。

尽管孙过庭以草书传世，欧阳询以楷书名世，但孙过庭与欧阳询一样，将自己重法尚意的书论，也体现在他的创作实践中，这就是《书谱》的墨迹（图5-4）。从《书谱》的墨迹来看，它尽管承袭了"二王"草书的规范，却并没有拼凑的痕迹，而化作了自己的笔墨。包世臣曾分析其用笔过程云：其首段七百多字"遵规矩而弊于拘束"，二段千字"渐会佳境"，三段七百字"思逸神飞"，尾段则"心手双畅，然手敏有余，心闲不足"。其书法实践中所体现出来的，正是欧阳询尚意重法的主张。

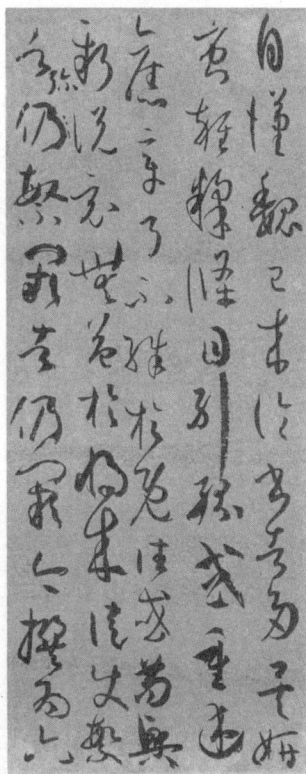

图5-4　《书谱》墨迹

---

① 〔唐〕孙过庭：《书谱》，转引自《历代书法论文选》，上海书画出版社，1979年。

二、对阮元"南帖北碑论"的影响

中国书法史上所留下来的法书，有书写在绢帛和纸质上的，唐以前以魏晋南朝法书为主，以后也是书法交流传播的一种主要形式；也有镌刻在摩崖、石碑上的。唐以前即有秦篆、汉隶和魏碑，唐时也有《纪泰山铭》和《九成宫醴泉铭》《多宝塔碑》《玄秘塔碑》等，此后苏轼书写的《丰乐亭记》《醉翁亭记》也以碑刻传世。至于墓志铭，则历代皆有。这两种法书，由于书者的写作心态、书作的题材内容不同，或为诗文稿、人际交流的便条，或为铭诔以记功颂德；也由于所用材质不同，或以毛笔书写在绢帛、纸质上，或书丹后以刀刻在石壁、石碑上；还由于展出场所不同，或在书斋中保存，或在山间、殿堂上矗立。因而帖书显得儒雅，有书卷气，但间有骨力不足，失之于柔弱；碑书显得雄强，有金石味，但也有韵味不足，失之于粗疏。

欧阳询学书、作书，也是一手伸向帖书，一手伸向碑书。他有机会观赏当时朝廷所收集、保存的"二王"法书真迹，曾奉命临摹《兰亭序》真迹，其《仲尼梦奠帖》《行书千字文》《卜商帖》《张翰帖》等，也都是帖书；他历仕三朝，有机会观赏摩崖、碑刻，他的楷书《九成宫醴泉铭》《房彦谦碑》《化度寺碑》《皇甫君碑》《温彦博碑》，以及《正草九歌千字文》等，就是写来镌刻在石碑上的。他对帖书、碑书不同的用笔、结字和章法特点，可以说都感同身受，有深刻、独到的体悟和准确的把握。因而，他在书艺上才能兼容南北，在书论上才能尚意重法。

对书法史上这种渊源既久的艺术现象，如果说，欧阳询等已经在笔下体现之，那么，清代阮元（1764—1849）则从理论上概括之，提出了"南帖北碑"论。

欧阳询之后，阮元之前，尤其是宋、元、明及清初时期，由于帝王的提倡，《淳化阁帖》《三希堂帖》的引导，书坛上帖书一直占据主导地位，出现了赵孟頫、董其昌、文徵明等帖书大家；但整体书风也不无柔弱之病。阮元二十年间曾留心于南北碑石之间，而且证以正史，发现"其间踪迹流派，朗然可见"，遂写出了著名的《南北书派论》和《北碑南帖论》（两本论著以下简称二《论》），开始构建起碑学的体系框架，实现了清代中晚期书坛由帖学向碑学的转变。

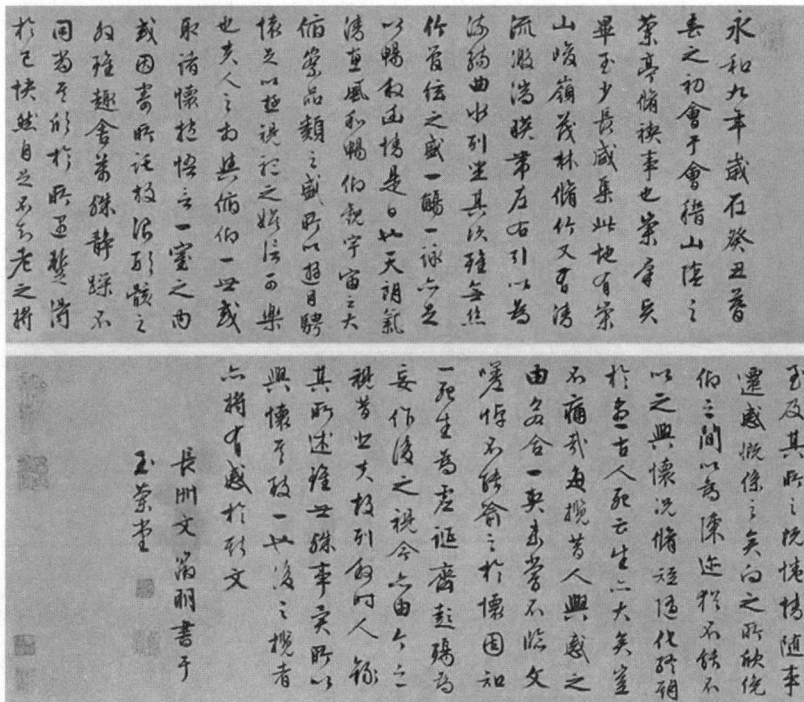

图5-5　文徵明临《兰亭序》（书法赏析）

阮元在二《论》中，第一次对汉魏以后南北书派的发展统绪、师承源流与各自特点及其流传、盛衰过程，进行了深入考察和详细评析。他认为，中国书法的发展自汉代以后实际上是由南方的帖书与北地的碑书两大流派组成，两派之渊源与艺术亦各具特点。这就说明，南派帖书多用于启牍，所以篆、隶的遗法衰退，而北派碑书多用于碑榜，所以较多保留了篆隶、八分、草书的笔法。直到宋代阁帖盛行之前，世间所书碑版、石经等法书，仍沿用北派笔法。尽管欧阳询临写过《兰亭序》，但欧本《兰亭序》依然保留着北派的笔法。《兰亭序》帖之所以佳，因其欧本与《化度寺碑》笔法相近，褚本则与褚书《圣教序》笔法相近，皆以大业北法为骨，江左南法为皮，刚柔得宜，健妍合度，故为极佳。这就是说，尽管"欧阳询书法方正劲挺，实是北派"[1]，但无论是他所临写的《兰亭序》，还是独立创作之楷书《化度寺碑》，皆以北法为骨，南法为皮。由于他兼容南北，所以其书作刚柔得宜，健妍合度，达到"极佳"的高度。阮元感叹："宋、元、明书家多为《阁帖》所囿，且若《禊序》之外，更无书法，岂不陋哉？"[2]取法单一，带来的是风格的单调，极大地限制了书法的健康发展。

这时的书家推崇的南帖，由于其所赖以存在的媒介主要是"卷帛之署书"和尺牍等，且又与"隶古遗意"日趋愈远，只能在文人的书斋中流传，而在一些特定或较大的场合就难以胜任。所以，为书者绝不能认为在《阁帖》《禊序》外更无书法，而必须如欧阳询那样，兼容南北书法本来就具有的各自不同的特点，使得"短笺长卷，意态挥洒，则帖擅其长；界格方严，法书深刻，则碑据其胜"，只有兼容南帖之"意态挥洒"和碑书之"法书深刻"，书法艺术才能在双赢中得到发展。"盖端书正画之时，非此则笔力无立卓之地，自然入于北派也。"[3]阮元主张作书必须在南法之皮中植入北法之骨，他认为这实际上是欧阳询在自己的笔法中吸收了王羲之书法的笔意。阮元提出"南北书派论"时，当时占据书坛主导地位的帖学日趋萎靡不振，书法创作的面目愈来愈单一，书家的视野愈来愈狭窄。正是针对书坛这种凋敝、衰微的局面，阮元主张："守欧褚之旧规，寻魏齐之坠业，庶几汉魏古法不为俗书

---

①②③〔清〕阮元：《南北书派论》，转引自《历代书法论文选》，上海书画出版社，1979 年。

所掩。"① 即沿着欧阳询所开创的兼容南北的道路,通过对北碑(也包括汉隶)"古法"的挖掘,来构建书坛的新格局。

在阮元之前,欧阳询所开创的兼容南北的书学传统,虽然被颜真卿等成功的书家所继承,但对一般人来说,对此还缺乏理性的认知,以至于书法创作陷于僵局,书论研究显得零敲碎打。阮元的二《论》提出后,这种兼容南北的传统才被纳入一个主动而又极富生命力的系统之内。此后,无论是傅山所提出的"四宁四毋"之论、扬州八怪的标新立异之作,还是乾嘉学派对大量金石所做的考证、诠释,何绍基等书家对篆隶、北碑笔法的复兴,甚至上溯到明代中叶徐渭对"八法"的革命,在阮元二《论》的统领下,都促成了清代书坛有鲜活的审美价值,有极大的发展意义、创造意义的承前启后的艺术转化;同时,此后的书法创作实践,也像被输入了新的血液一样,开始变苍白为鲜活。

尽管阮元指出南北书派由来已久,各具特点,但他实际上是尊北碑而抑南帖的,因此便模式欧阳询兼容南北的努力,将其归入于北派,认为唐代所流行的《兰亭序》临摹本,都是欧阳询等书家用北法改造过的。阮元既发碑学之先声,包世臣的《艺舟双楫》又进一步推波助澜,至晚清时北碑书法已形成"如日中天""蔚为大观"的局面,整个书坛已为碑学之风所掩。这对于振兴书学尽管功不可没,却不无偏颇之处和矫枉过正之嫌。

值得指出的是,刘熙载(1813—1881)的《艺概》对此却能保持冷静、客观的态度,对南北书派做了公允的评析。他认为,时人贬斥过甚的南书之中也不乏高古雄强者,并非如时人所指出的一味地软媚卑弱,如陶贞白之流

---

① 〔清〕阮元:《南北书派论》,转引自《历代书法论文选》,上海书画出版社,1979年。

便是，而右军之雄强更无论矣。同时，刘氏"矫枉"并没有"过正"，对北书也做了高度评价："北朝书家，莫盛于崔、卢两氏……崔、卢家风，岂下于南朝羲献哉"①。南北书法都产生了造诣精深的大家和精作佳品。只是由于各自的艺术功用、书写内容不同，造成了整体风格的差异。基于此，刘熙载对二者的审美取向与艺术特点做了客观评析："篆尚婉而通，南帖似之；隶欲精而密，北碑似之。"②

这就是说，北书以骨胜，南书以韵胜。然北自有北之韵，南自有南之骨。南书温雅，北书雄健。南如袁宏之牛渚讽咏，北如斛律金之《敕勒歌》。然此只可拟一得之士，若母群物而腹众才者，风气固不足以限之。北碑南帖既然各有其不同的审美取向和艺术特点，学书者可以有所爱好，但学书与论书者就不能各持一端，胶柱鼓瑟，画地为牢，而应该像欧阳询那样"母群物而腹众才"，使得"风气固不足以限之"而兼容南北。

在艺术的发展过程中，"片面的深刻"与"整体的协调"都是推动艺术健康发展的重要因素。如果说，阮元、包世臣以碑学对帖学的"冲击"和"动摇"是为了发展，那么，刘熙载以帖学对碑学的辩证和中和，则弥补、调和了阮元、包世臣一味尊碑所不可避免地造成的极端和偏颇之嫌，亦具有发展的功效。这对于书家全面客观地对待书法历史和书法创作是有益的，从而使得晚清波谲激荡的书法论坛，平添了一种蕴藉激滟的风采。

降而至于清末民初，刘熙载的书学辩证思想尽管"润物细无声"，却产生了持久而绵韧的思想艺术影响效力。这种效力待到碑学的"冲击波"稍显式微时，便立即显现出来。即使是作为尊碑领袖的康有为，一方面大力推动碑

①②〔清〕刘熙载：《艺概》，转引自《历代书法论文选》，上海书画出版社，1979年。

学勃兴，一方面也为自己设计了一个"集北碑南帖之成"并能够"兼汉分、秦篆、周籀而陶冶之"的创作境界与追求。至近现代，书家广泛接受了这种碑帖互补、南北兼容的书学思想，并施之于创作实践。

第三节　楷法传承之书艺影响

在公认的欧、颜、柳、赵楷书四大家中，后三家的艺术特质分别被称作"颜筋、柳骨、赵体肉"，唯独产生最早的欧楷（尽管论者认为其在楷书四大家中位列第一），对其书体的艺术特质却没有专门的称谓。笔者以为，这是因为欧体楷书筋、骨、肉兼具，而颜、柳、赵体楷书只不过取其一端，加以突显而已；从这个角度来看，在中国的楷书艺术中，欧楷艺术水准最高，使得此后的书家在这一流域中只能"画地为牢"，再难以超越。

其实，这一文化现象非独艺术为然，也非独楷书为然。唐初李世民所代表的皇权之所以对前朝的书法、诗歌文化崇拜到毕恭毕敬的程度，就因为他知道万里江山可以易主，文化经典不可再造。文化极品不管出于何时何世，都只能是唯一。所以唐以后的文化智者只敢吟咏唐诗，却不敢大言赶超唐诗。书法中书圣王羲之、草圣张旭的艺术成就，永远是后世书家心目中的高山景行。

荀子在《劝学》中谈到学术的继承和发展问题时，连用三个比喻说道："青，出之于蓝而青于蓝；冰，水为之而寒于水；木直中绳，輮以为轮，其曲中规。虽有槁暴，不复挺者，輮使之然也。"就儒家思想体系来说，孟子、荀子尽管反复"輮"过，但对孔子并没有青出于蓝，也没有冰寒于水。原因是人文社科尤其是文学艺术之"道"，不像科学技术之"技"那样，单靠一代一代的经验积累。人文艺术之"道"的发展，需要的是综合因素，既有客观因素，诸如特定的社会环境和文化背景；也有主观因素，诸如创作个体的出身、教养、经历等。李、杜既没有生活在屈原所处的由奴隶制向封建制过渡的社会变革时代，也缺乏屈原的家族、地域文化，缺乏屈原政治家的地位、变法图强的实践和思想家的深刻，仅有诗人的激情，所以不可能写出来《离骚》。曹雪芹之后，没有哪一个作家，有他那样的家世、出身，也没有像他那样能对中国封建社会所创造的物质文明和精神文明有全方位的品味、理解，所以也就写不出《红楼梦》那样的杰作。后世的书家无论是客观条件还是主观因素，都无法与王羲之、张旭相比，所以也不可能达到他们的艺术水平。观察楷书中欧与颜、柳、赵三家的发展衍变，似应作如是观。

一、颜真卿、柳公权的承续 与过犹不及

康有为在《广艺舟双楫》中尊碑卑唐时，尽管对唐之欧阳询与颜真卿、柳公权等书家颇多微词，认为唐初"虽设书学，士大夫讲之尤甚，然缵承陈、隋之余，缀其遗绪之一二，不复能变，专讲结构，几若算子。截鹤续凫，整齐过甚"，但褒贬程度却有所不同："欧、虞、褚、薛，笔法虽未尽亡，然浇淳散朴，古意已漓；而颜、柳迭奏，渐灭尽矣！米元章讥鲁公书'丑怪恶札'，未免太过。然出牙布爪，无复古人渊永浑厚之意……以魏、晋绳之，则卑薄已甚。"

康氏指出，书法艺术创作应如魏晋书家，在于有意与无意之间，贵在传达个性。唐人却过于有意为之，欧阳询等初唐书家对魏晋古法尚"未尽止"，颜、柳等盛中唐书家则"更尽矣"。这无疑是有见地的，只是他忽略了这是时代的政治与文化的关系使然。一个时代的政治与文化之间的关系，不管是春秋战国、魏晋南北朝时期的失控，秦汉、明清时期的高压，还是唐宋时期的和谐，政治总是处于主导地位，总是制约文化的。

唐初书家所取法的"二王"书法，是在政治失控情况

下书家自觉审美意识的一种升华。魏晋士人主体精神的觉醒，在"二王"书法中得到了充分的表现。和此前较为端严庄重的篆、隶书相比，"二王"书法所体现出的审美转换，是对当时社会时代精神的一种适应，所以具有了旺盛的生命力并得以高度繁荣。然而，初唐的政治一统不同于魏晋南北朝的政权分裂，儒释道三教并重所构成的文化氛围不同于崇尚自由的玄学思潮，修齐治平的人生追求不同于狂傲放诞的魏晋风度。时代精神的不同，要求书家将个性纳入共性之中，要求书法展现不同的艺术风格。盛世已至，需要的是法度。越是文明越要懂得规矩，否则便是粗野。楷书是唐代第一书体，所以必须为其建立一个方正、端庄、儒雅的规范。

欧阳询历经三朝，有资格以老师的身份，为展现这个朝代生气勃勃又重视法度的书法艺术制定一些规范，用自己的笔墨为楷书增添"纤秾得体，刚劲不挠"的笔力，故欧楷法度严谨，笔力险峻，于平整中见险绝，于规矩中见飘逸，刚劲而有度，温敛而有品，风和日丽，平顺稳健。即使是他晚年所作《小楷千字文》，亦笔笔晋法，敛入神骨。这种兼容南北的书风，于不激不厉的南书之中融入北书雄强劲挺的特点，正体现了时代精神的这一要求。

首倡北碑的阮元似乎也看出了初唐与盛唐书风演变的这一特征，尽管欧阳询之书也从"二王"入手，却属于北派，而颜真卿的楷法，也是从欧阳询、褚遂良的北派而来的，可谓一以贯之。这就是康氏所诟病的为"整齐"而"专讲结构"。应该说，这正是欧阳询对中国书法艺术发展所做出的贡献。不仅在唐楷中，而且在整个楷书艺术中，欧楷位列第一，欧楷已成为一种象征。

问题是，凡事不能矫枉过正，艺术发展也是这样。欧阳询之书艺、书论虽兼容南北，但却并未过之。笔者以为康氏所指出的"出牙布爪，无复古人渊永浑厚之意"① 的过犹不及的现象，始自颜真卿，然"过"至极端的，似是柳公权。不错，颜真卿、柳公权的楷书是对欧楷的继承发展。他们确实是继承了欧体楷书结体、章法的特点，但由于唐代中后期社会氛围的影响，他们往往用力过度，因而所谓发展，只是将欧体的用笔特点加以夸大，而突显出欧体的筋与骨，形成所谓的"颜筋柳骨"，但总体上是过犹不及。这是时代使然，也是个人因素使然。

颜真卿所处的盛唐向中唐转折时代，经太宗的贞观之治，已将中国封建社会推向了世界文明的巅峰，经过武则天时期的进一步经营，至玄宗构建开元盛世，君临天下，雄视千古，唐帝国的政治、经济、军事、文化达到极盛期，具备了雍容大度的宏阔气魄。初唐书贵瘦硬的审美观念已逐渐被扬弃，但各种潜在的社会矛盾也日益显露出来，以致爆发了安史之乱。朝廷需要士人经世致用，重建以儒家思想为主导的社会秩序。时代发展、变迁的特点和精神，为书家开通了审美意识变革的坦途，需要在书法艺术中体现出来。颜真卿以忠义贤良、社稷重臣的心愿和气概，以雄强博大的楷书艺术，适应了时代的这种要求。

对于时代的这个要求，学识高超、思想豁达、敢于大胆创新的颜真卿，不仅深刻地体悟到了，而且转化为书法理论上和创作实践中的自觉。

颜真卿的《述张长史笔法十二意》，不仅介绍了一系列笔法，而且阐明了为什么要用这种笔法。所谓十二法是：平谓横、直谓纵、均谓间、密谓际、锋谓末、力谓骨体、转轻谓曲折、决谓牵掣、补谓不足、损谓有余、巧谓布置、称谓大小。对每一法，既讲要求，又讲目的。何谓"牵掣"，何以要"牵掣"？曰："牵掣为擎，锐意为锋，

---

① 〔清〕康有为：《广艺舟双楫》，转引自《历代书法论文选》，上海书画出版社，1979 年。

使不怯滞，令险峻而成。"何谓"补不足""损有余"，何以如此？曰："点画结构或有失趣者，则以别画旁救之"，要求所成之书"趣长笔短，虽点画不足，长使意气有余"，即不是真的点画短缺，而是留意趣。

在书法创作的用笔、结体、章法三个主要环节中，后两者可以参考、借鉴，唯用笔非切实掌握方法，有切实的功力、体会，否则不可能获得实际的书写的力感效应。他就此向张旭请教"神用执笔之理"，又转述了一段很有实践经验的话：

> 长史曰："予传授笔法，得之于老舅彦远曰：'吾昔日学书，虽功深，奈何迹不至殊妙。'后问于褚河南，曰：'用笔当须如印印泥。'思而不悟。后于江岛，遇见沙平地静，令人意悦欲书。乃偶以利锋画而书之，其劲险之状，明利媚好。自兹乃悟用笔如锥画沙，使其藏锋，画乃沉着。当其用笔，常欲使其透过纸背，此功成之极矣。真草用笔，悉如画沙，点画净媚，则其道至矣。如此则其迹可久，自然齐于古人。但思此理，以专想功用，故其点画不得妄动。"①

这说明用笔之道要得其法，也要通过实践，才能领会前人所讲的技法的精义；而对技法的运用，既有实用目的，也有审美意义。这应该也是颜真卿的体悟。

在文中，颜真卿还转述了张旭关于"攻书之妙"的五个条件：

> 妙在执笔，令其圆畅，勿使拘挛；其次识法，谓口传心授之诀，勿使无度，所谓笔法也；其次在于布置，不慢不越，巧使合宜；其次纸笔精佳；其次变化适怀，纵舍掣夺，咸有规矩。

---

① 〔唐〕颜真卿：《述张长史笔法十二意》，转引自《历代书法论文选》，上海书画出版社，1979 年。

这里强调的书法创作中物质条件与精神的统一、技法与情怀的统一，与孙过庭《书谱》所论书法创作的"五乖""五合"，即主客观条件统一的观点，是完全一致的。

这篇书论强调书法之法，既是对欧阳询书论的继承，又主张把书法当作一种生命力的形式来把握，则更是对欧阳询书论的发展。同时，值得注意的是，"张旭斗酒草圣传"，"往时，张旭善草书，不治他技"，这是时人的共识，但颜真卿却不向他请教草书，而求问楷法。这说明在颜真卿看来，盛唐时代张旭的狂草与李白的歌行、裴旻的剑舞所代表的那种酒神精神，那种有动于衷的李广用兵式的个人激情，已经成为过去；中唐时代需要的是经世致用，需要的是一种自重、自信、充实的用世精神。这时，楷书正是这位忠义贤良、社稷重臣寄托心志的最好形式。

颜真卿把他在书论中强调的法度，完美地体现在他的楷书创作实践中。其楷书所显示的法度精神，使得后人用上了"森严"一词。这就使得颜真卿的楷书，与杜甫的律绝、韩愈的古文，共同体现了从盛唐到中唐时期孙吴布阵式的人工美。在这里，酒神不见了，人们看见了调酒师。

颜楷化初唐楷书的瘦硬为丰腴雄浑，结体宽博而气势恢宏，骨力遒劲，雄健饱满，力扛九鼎，北宋朱长文《续书断》赞其"点如坠石，画如夏云，钩如屈金，戈如发弩，纵横有象，低昂有态，自羲、献以来，未有如公者也"[1]。这就充分体现了大唐繁盛的风度，并与其人格契合，可谓书法美与人格美结合的典范。诚然，前贤对颜体楷书的美学价值是高度认可的，但也因为过多着眼于政治思想伦理道德方面，而有溢美之嫌。傅山即明确地表明他非常不喜赵孟頫的书法，这是因为鄙薄其人遂恶其书，但是却非常喜欢颜真卿的书风，还结合自己学书的体会进一

---

① 〔宋〕朱长文：《续书断》，转引自《历代书法论文选》，上海书画出版社，1979 年。

步谈到尽管临习羲、献父子的法帖不下千遍，但都不以为意。唯有写到颜鲁公的姓名时便觉肃然起敬，这就是所谓的臣子之良知。审美感受尽管很难排除感情因素，却应该尽量客观。艺术之道，过与不及皆有伤于中和之气。客观地说，颜楷已将欧体的某些特点加以夸大。清代梁巘《评书帖》即谓"颜不及欧。欧以劲胜，颜以圆胜"①。前期的《多宝塔碑》（图5-6）虽未形成刚劲雄强、沉雄浑厚、大气磅礴的颜楷风格，却中锋用笔，结构严密，点画圆整，雄中有媚，明利媚好，点画净媚，兼容了南北之风，却也"开后世馆阁体之肇端"。后期的《颜氏家庙碑》（图5-7）则改侧为正，改妍为壮，改雅为宜，改瘦为肥，改法度深藏、润色开花，为有法可循、元气淋漓，但横画过于轻细，竖画过于粗重，做作痕迹太浓，已经显得不太和谐。《麻姑仙坛记》（图5-8）整体风格不无粗笨之嫌。前人已经说"书之美者，莫若颜鲁公；然书法之坏者，自鲁公始"。最早批评颜书的是南唐后主李煜，认为颜字如"村妇大脚"，笨拙歪散；后米芾《海岳名言》虽承认颜之"行字可教"，却讥其"真便入俗品"，为后世"丑怪恶札之祖"；明代项穆《书法雅言》也认为颜楷"沉重不清畅矣"；及至被后人讥为"粗鲁诡异"，"有失古意，终非正格"。这些批评之词，不无偏颇之处，

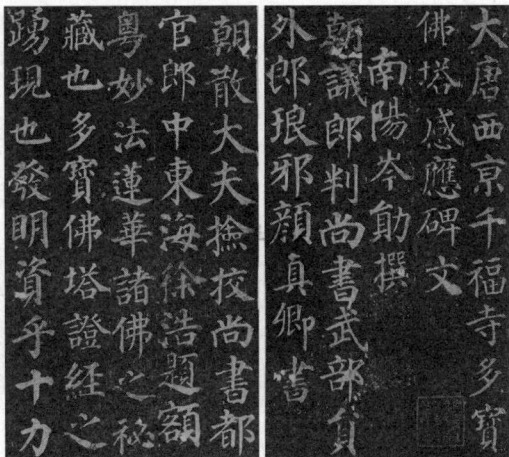

图5-6　颜真卿《多宝塔碑》局部

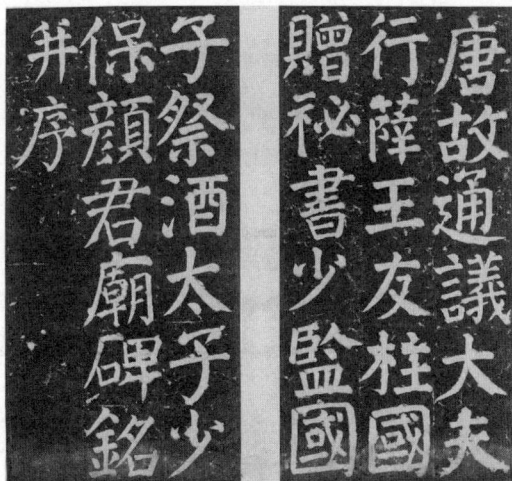

图5-7　颜真卿《颜氏家庙碑》局部

---

①　〔清〕梁巘：《评书帖》，转引自《历代书法论文选》，上海书画出版社，1979年。

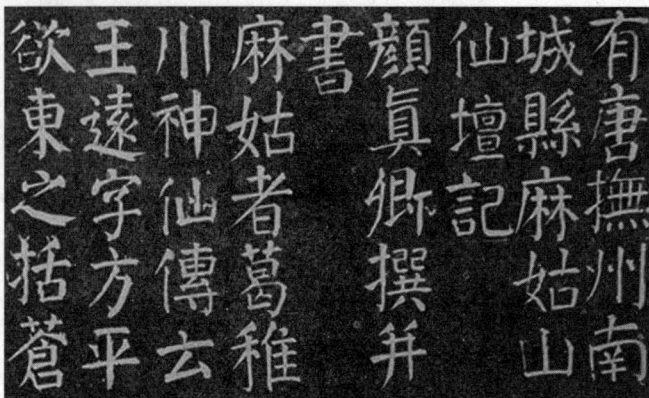

图5-8 颜真卿《麻姑仙坛记》局部

因为任何一个书法家，也不可能做到每个点画都写得精到完美；但所指出的这些现象，在颜书的某些碑帖中确实是存在的。总体来看，颜书已经无复初唐欧楷不激不厉的风规。

米芾曾谓颜真卿每书丹后，即命家童刻字，而家童熟悉主人的行笔要求，有意用刀子修改自己认为书写不到位的波撇，以致大失其真。明人孙鑛就《多宝塔碑》加以验证，证明"良非诬"。书法的笔画，本来是用软头的毛笔写在纸上的，若用锋利的刻刀加以修改，整齐倒是整齐，却失去了原有的生动活泼。这种人为的造作，也是造成颜书中出现那些为人诟病之处的原因之一。

宋范仲淹《诔石曼卿文》称"延年之笔，颜筋柳骨"。从此，颜筋柳骨的美誉便不胫而走遍天下。柳楷吸取欧、颜之长，在晋人劲媚和颜楷雍容雄浑之间，以骨力遒劲、笔画富有弹性见长，中宫收紧，四面开张，紧而不拘，疏而不散，规整中富变化，严正中出奇险。明代董其昌对其评价很高："柳诚悬书，极力变右军法，盖不欲与《禊帖》面目相似。所以神奇化为臭腐，故离之耳。凡人学书，以姿态取媚，鲜能解此。余于虞、褚、颜、欧，皆曾仿佛十一，自学柳诚悬，方悟用笔古淡处。自今以往，不得舍柳法而趋右军也。"[①]

应该说，柳楷尽管取法于欧楷和颜楷，但与欧、颜的艺术风格不同，今人或比喻欧楷如诸葛亮之儒雅，颜楷如

---

① 〔清〕董其昌：《画禅室随笔》，转引自《历代书法论文选》，上海书画出版社，1979年。

关云长之雄伟，柳楷则如赵子龙之劲挺。但从整体审美效果来看，柳不如欧、颜。米芾《海岳名言》即谓："柳公权师欧，不及远甚，而为丑怪恶札之祖。自柳世始有俗书。"朱长文《续书断》谓柳楷"盖其法出于颜，而加以遒劲丰润，自名一家，而不及颜之体局宽裕也"。清代梁巘《承晋斋积闻录》则将欧、颜、柳三家加以比较云："欧字健劲，其势紧；柳字健劲，其势松。欧字横处略轻，颜字横处全轻，至柳字只求健劲，笔笔用力，虽横处亦与竖同重，此世所谓'颜筋柳骨'也。"

柳楷之筋骨外露，一看就可明了。《玄秘塔碑》被明代王世贞评为"柳书中最露筋骨者"，过于定型化、范式化，缺少人文温度，项穆《书法雅言》即谓柳"严厉不温和矣"。与颜楷摆在一起，似有点相形见绌。

唐代以后，学唐楷者代不乏人，其中也有学欧、学柳者，更多的是学颜。其原因是一般书家缺乏欧阳询历仕三朝、兼容南北的综合修养，不可能"凛之以风神，温之以妍润，和之以娴雅"；柳体过于瘦硬，一般书家虽"鼓努为力"，但功力不济，"岂独工用不侔，亦乃神情悬隔"，所以没有出现欧体、柳体大家。学颜者或气势不及颜，如苏轼；或将颜楷某一碑帖、某些方面的特点极力夸大，虽然像煞颜楷，但总体成就并没有达到颜楷的艺术水平，更缺乏欧楷的风神超迈。这在清代表现得尤其突出。

清代在阮元提出"南北书派论"后，碑学振兴，被宋、元书家一度所忽视的唐法，在一定程度上也得到继承。乾隆年间的刘墉、钱沣，道光以后的何绍基、翁同龢、谭延闿等，皆学颜书，尤以钱沣、何绍基为突出，以致出现了"颜体复兴"的现象。

钱沣（1740—1795）在"人人淡墨称华庭"时，他却走着与赵孟頫、董其昌不同的道路，三十岁后即专攻时俗所不喜欢的颜真卿，"初学《告身》以得笔法，后于鲁公诸碑靡不追究，晚更参以诸法，非宋以来之学鲁公者所可

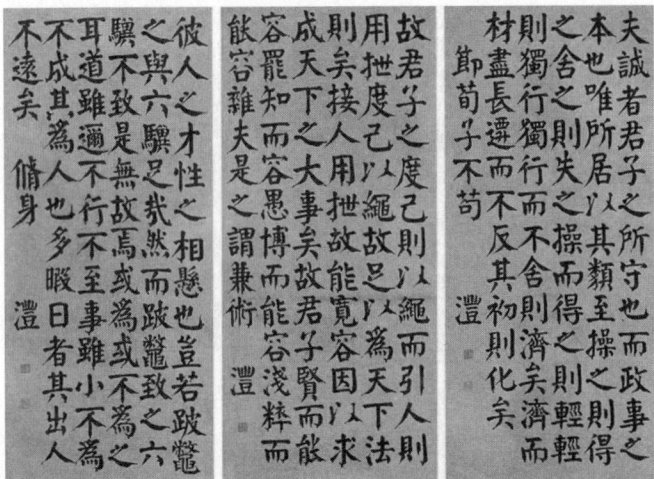

图 5-9　钱沣楷书

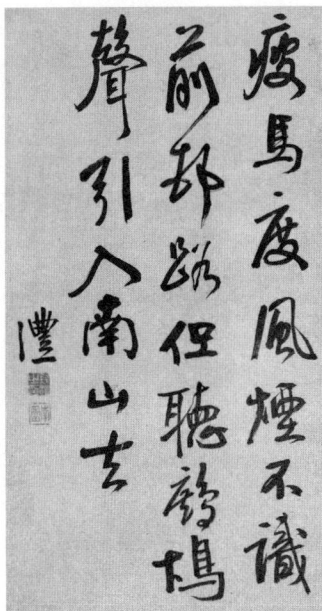

图 5-10　钱沣行书
（书法赏析）

及。能以阳刚学鲁公，千古一人而已"。① 凡是颜体诸碑，不论楷、行、草，临摹多在百遍以上。他守法而不拘泥于法，着眼于颜体的笔意神韵，不斤斤计较于笔画间架，"独入鲁公堂奥"，几乎可以乱真。其楷书结体严正开阔，笔法峻拔，骨干苍劲，学颜得骨，学褚得姿。行书本于鲁公《争座位帖》，参以楷法，布局多新意，雄浑大度，颇有傲岸挺立之概，形神俱似颜体，但又形成了自己宽绰流畅的风格，也打破了书坛万马齐喑的沉闷局面，清中叶以后学楷书者受其影响很大。

何绍基（1799—1873）曾将钱沣的字张于四壁，反复观赏，成为清代道光以后学北碑、颜楷的书家中，既有深厚功底，又才华横溢而富有创造性的卓然大家。他曾言"余学书四十余年，溯源篆分，楷法则由北朝求篆分入真楷之绪"，"于北碑无不习，而南人简札一派不甚留意"②，走着与时俗完全不同的碑学之路。他学书从欧阳通《道因法师碑》（图 5-11）入手，同时奋力摹临北碑《张黑女墓志》（图 5-12），进士及第后"始学颜书，用功尤勤"，"悬腕作藏锋书，日课五百字，大如碗"③。他浸淫颜书《争座位帖》（图 5-13）、《裴将军帖》，学其结构开拓，点画雄强。又上溯汉隶诸碑，而于《礼

---

① 〔清〕李瑞清：《清道人遗卷》，中华书局，1939 年。

② 〔清〕何绍基：《跋国学〈兰亭〉旧拓本》，转引自《何绍基书论选注》，湖南美术出版社，1988 年。

③ 〔清〕徐珂：《清稗类钞》，中华书局，2010 年。

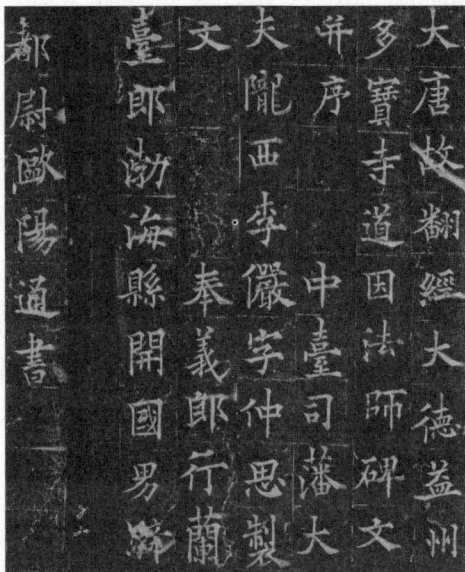

图 5-11 欧阳通《道因法师碑》局部　　图 5-12 《张黑女墓志》局部

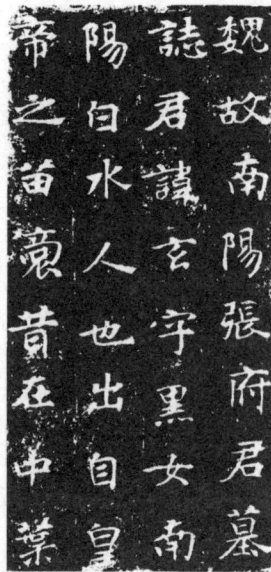

器》《张迁》两碑用功尤勤，或取其神，或取其韵，或取其度，或取其势，或取其笔意，或取其行气，或取其结构分布，再取法魏碑得其神韵，学欧阳询取其险峻。同时，他以临碑之法写行、草书，又以临帖之法写北碑，兼容碑、帖之长，一行之中忽而似壮士斗力，筋骨涌现，忽而如衔杯勒马，意态超然。非精究四体，熟谙八法，无以领其妙，而自成其沉雄峭拔，肆姿飘逸的风范。

钱沣、何绍基可谓唐以后学唐楷的书家中最突出者。但也应该指出，他们主要取法的是颜楷中的《大麻姑仙坛记》，且鼓努为力更甚，以致李煜、米芾等前人所指出的颜楷的某些缺点在

图 5-13 颜真卿《争座位帖》局部

钱、何的楷书中更突出了。这是时代使然，也是艺术规律使然。

欧、颜、柳所处的社会环境和文化背景，若比作四

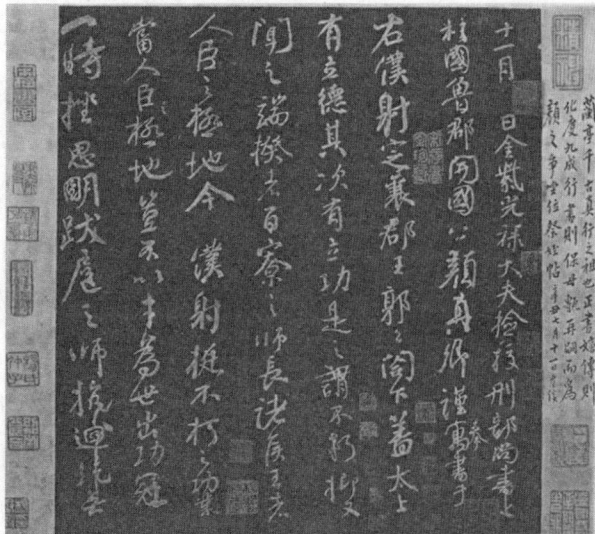

季，欧所处的初唐犹如乍暖还寒的春季，"海日生残夜，江春如旧年"，所以兼容了冬之宁静与春之温暖，所以筋、骨、肉兼具；颜所处的盛唐犹如盛夏，将春之温暖发展到极致，变成了炎热，所以显现出筋脉；柳所处的中唐犹如晚秋，既没有了夏的炎热，也不像春的温暖，树的叶子坠落了，显出了枝干，所以骨干突显。后代书家尽管鼓努为力，但文化极品、艺术经典都只能是唯一，不可再造。所以，颜真卿不可能再造欧楷，柳公权也不可能再造颜楷，钱沣、何绍基也不可能再造唐楷。

二、赵孟頫等的继承与不及

同样以四季做比喻，赵孟頫所处的元代，汉人尤其是汉族知识分子被打入社会底层，处于高压之下。就汉族传统文化而言，就像进入冬季，被厚厚的衣着包裹起来，长于抒情、议论的诗文风骨都绝迹，勾栏、瓦舍中的杂剧、南戏却盛极一时。

元代书法也是这样。书坛上独领风骚的赵孟頫（1254—1322），继承发展了欧体楷书中的意，而淡化了其中的法，所以被后世称为"赵体肉"。他以中锋运笔，平顺和畅，妍媚丰满，婉转秀丽，笔下平静、和顺、温润、娴雅，不盈棱角，无抛筋露骨之弊，尽得晋人风流遗韵；却因其宋朝宗室的独特出身、魏国公的社会地位、动辄得咎的现实处境和如临深渊的文化心态，致使行笔浮滑，笔力软弱，外观圆润甜美，内涵骨力稍弱，缺少唐书的生命力度，也吸取不了民间粗犷进取的力量，只能尊古立范而难以自主创新，因而赵体楷书中淡化了欧楷的法，也缺少了欧体中被颜、柳突显的"筋"与"骨"，只突显了欧体中原有的"肉"。

随着明代书坛对"法"的热情，随着李淳《大字结构八十四法》的出现，随着启蒙主义思潮的崛起，书界开始了对"赵体肉"的群起批判，指出其书之"俗""奴"和

"甜"的毛病。董其昌认为赵书"行间茂密，千字一同"，"因熟得俗态"，"作意者少"。王世贞《艺苑卮言》指出："评者有'奴书'之诮。"祝枝山抨击说："孟頫虽媚，犹可言也，其似算子率俗书。"王世贞也认为："承旨精工之内，时有俗笔。"王文治《论书绝句》谓其："无奈中边只有甜。"在这种批判中，一个参照系就是欧体楷书。

明代中期以后，在反帖学思潮的冲击下，赵孟頫在明代的帖学正宗地位被彻底推翻。明末遗民傅山就因为不喜欢赵孟頫其人而恶其书。清代包世臣在《艺舟双楫》中也分析道："吴兴书笔专用平顺，一点一画，一字一行，排次顶接而成，如市人入隘巷，鱼贯徐行。"指出赵体的用笔、结体到布局等书法三要素都缺乏大的变化，呈现出雄强不足、姿媚有余的弱点。

有清一代，"书法凡有四变：康雍之世，专仿香光；乾隆之代，竞讲子昂，率更贵盛于嘉、道之间；北碑萌芽于咸、同之际。至于今日，碑学益盛，多出入于北碑率更间，而吴兴亦踱蹙伴食焉"①。书家投康熙、乾隆等帝王之所好，专师赵孟頫和董其昌，书风僵化呆板，甜俗单薄。有作为的书家，转而取法北碑唐楷，写出自家面目。其余书家沉浸科场。官场者承台阁之俗，流落江湖者取市井之怪，即便有技、有奇、有味，也只能局限于一隅，难成大器。

三、碑学师承与书法中兴

在清代中晚期，欧阳询以其在中国书史上融通碑帖、承上启下的重要地位，在此时的书论中得到普遍的认可，当时的书艺也师承欧体楷书之法，促进了碑书的振兴，从而给此前日益衰微的书坛注入了刚健瘦劲的气息。

---

① 〔清〕康有为：《广艺舟双楫》，转引自《历代书法论文选》，上海书画出版社，1979年。

首先，在清代中晚期碑学之风兴起后，欧阳询被碑派书论家和书家视为初唐碑派书家的代表，受到高度的推崇，其中既涉及书法之法，但更重要的是审美趋向和书法流派问题。清人阮元等在《南北书派论》等书论中认为，宋代《淳化阁帖》出现以后，书法领域存在着重帖轻碑的弊端，使得书风日益衰微不振，因而力倡北碑，以复兴汉、魏古法。在当时书坛的这一趋向中，欧阳询与褚遂良被定位为魏、晋北碑的传人，"欧、褚诸贤，本出北派，洎唐永徽以后，直至开成，碑版、石经尚沿北派余风焉"①，是唐初北派的代表书家，他们书法的渊源就是汉、魏、齐的碑石。从笔锋中就可以看出来："大约欧、褚北法从隶而来，其最可见者，为'乀'字捺脚飞出，内圆外方，全是隶法，无论'一'字画末出锋矣。若江左王法'乀'字则钩转作'乙'，此其分别之迹。"②欧、褚所坚守的"中原古法"为唐人所弘扬，有唐一代的碑版多是北派书风并以欧阳询、褚遂良两大家为正宗，以至于整个唐代，都在沿袭欧、褚，即使作为唐代楷书高峰的"鲁公楷法，亦从欧、褚北派而来，其源皆出于北朝，而非南朝'二王'派也"③，以至于颜真卿的行书《争座位帖》等皆是北派书风。直至《淳化阁帖》盛行后，欧、褚所张扬的汉、魏古法才日渐式微。于是，清代中晚期的书人极力呼吁：只有"守欧、褚之旧规"，才能"庶几汉、魏古法不为俗书所掩"④。这就是说，欧、褚正由于遵循了汉魏古法，才与宋代的"俗书"形成了鲜明的对照。这里的"俗书"，主要指的是赵宋《淳化阁帖》出现以后的书法。

清人力贬的"俗书"，乃是指宋代《淳化阁帖》的风气，而"古法"则指汉魏以来的传统。所以，何绍基"学

---

①④〔清〕阮元：《南北书派论》，转引自《历代书法论文选》，上海书画出版社，1979年。

②③〔清〕阮元：《揅经室集》，中华书局，2006年。

书四十年，溯源篆分楷法，则由北朝求篆分入真楷之绪，知唐人八法以出篆分者为正规"①，他极力称赞欧体"沉浸隶古，厚劲坚凝"，"皆从北派出，不受山阴鞚"②，高度褒扬欧阳询，而"目中固无王右军"，认为"守山阴裴几者，只能作小字，不能为大字，率更摹《兰亭》，特因上命，以己意仿前式，手眼中谓有右军，吾不信也"③。既尊崇欧阳询，也透露出对王羲之的不无微词。

总之，在清代中晚期书家的眼中，欧阳询是初唐碑派的代表书家，他延续了汉魏、北朝书法的传统，而与当时朝野所崇奉的以"二王"为代表的正统书风分庭抗礼，这正是他的价值之所在。

其次，欧阳询的书史形象，导致了晚清碑学派书法观念的转变，扩充了书家的取法范围。因此，马宗霍在《书林藻鉴》中谈道：

> 清之书法，约分二期，一曰帖学期，一曰碑学期。……嘉道以还，帖学始盛极而衰，碑学乃得以乘之。……盖宣宗尝正字体欲使点画不谬，一时承旨，益事矜持，较及短长，评人肥瘦，竞讲结构，则唐之率更，法度谨严，正合所需。欧既盛行，永兴、河南、平原，亦间分席用事，故嘉道之交，可谓唐碑期。唐碑本多北派，欧之北法尤深。继是而往，稍纵唐格，便与北碑为近。重以帖格道穷，卷褶途滥。学术政制，已萌维新之机。翰苑墨林，自饶开生之象。又值新碑历出，变态无方，顿豁陈目，引人入胜。小则造像，大则摩崖，人习家临，遂成风气，故咸同之际，可谓北碑期。迄于光宣，其势方法张而未艾也。综上观之，碑帖既已分期，一期之中，又自

①②③〔清〕何绍基：《跋〈道因碑〉拓本》，转引自《何绍基书论选注》，湖南美术出版社，1988年。

有分，虽疆域非必甚严，出入亦所恒有，然而互
彪派系，各峻门庭，隐然若不可逾焉。①

清人认为，碑派又分为唐碑和北碑。包世臣在《艺舟
双楫》中比较了北碑与唐碑不同的创作背景和艺术风格：
"北碑字有定式，而出之自在，故多变态；唐人书无定式，
而出之矜持，故形板刻。"② 由于北碑书家创作的规定情景
是处于山野间、摩崖上的自在状态，所以书风浑朴自然；
唐碑则是书家为矗立于宫殿陵阙的巨型石碑书丹以记功颂
德，所以创作态度矜持。北碑主要指的是北魏、东魏、西
魏、北齐、北周时代的碑刻作品，唐碑则是指欧阳询、颜
真卿、柳公权等唐代书家的碑书作品。这不仅是着眼于欧
阳询等书家的笔墨技巧，而主要是因为看重他们对北碑
"古法"的传承和弘扬。因而，成亲王爱新觉罗·永瑆等
清代中期书家，大都取法于欧阳询所传留下的碑刻书法，
何绍基等人则兼取欧阳询和颜真卿的碑书，欧、颜等人的
碑刻成为清代碑学中师法唐碑的主要对象。

清代书家以关注唐碑，关注欧、颜等书家碑刻为基
础，进而把艺术视角集中到了北碑，扩展了他们书法取法
的范围。这就直接导致了清代书法观念的转变。

第四节　欧书在日本

欧阳询的书作，在初唐时就被当作书法的楷模，甚至
传播到汉文化圈，连高句丽国都非常看重他的书法，曾派
专人到中国来求他的书迹。唐高宗感叹道："询之书名，
远播夷狄。"表明欧阳询的书名，已经远播到了国外。

论起在日本受推崇的程度，以欧阳询为最。他在日本
的影响，甚至超出了书法的范围。日本三大综合性报刊之

---

① 马宗霍：《书林藻鉴》，文物出版社，1984 年。
② 〔清〕包世臣：《艺舟双楫》，转引自《历代书法论文选》，上海书画出版社，
1979 年。

一的《朝日新闻》（图5-14），1879年在大阪创刊，九年后迁往东京，至2008年其发行量在全球排行第二位。这样一份日本第一大报的报头《朝日新闻》四字，却是从欧阳询隶书碑《大唐宗圣观记》（图5-15）中集字而成的。据说当时集字时，在《大唐宗圣观记》的第四十二行检出

图5-14　《朝日新闻》报头

图5-15　欧阳询《大唐宗圣观记》局部

"朝"字、第十行检出"日"字、第二十四行检出"闻"字，但全碑一千余字中就是没有"新"字，只好将第十九行的"親"字的右边"見"字去掉，又取了第二十六行"拆"字的右边，去掉"斥"字的一点（隶书中写作一横），与"亲"字拼在一起，组成"新"字。《大唐宗圣观记》隶书取法于汉代的《熹平石经》，从所集的"朝日新闻"四字就可以看出原碑圆中有方的用笔特点，即使是拼成的"新"字，也淳雅饶古。该报刊出后，有读者来函

指出"新"字左下多了一横，殊不知这正是欧阳询《结字三十六法》中所主张的为了平衡汉字各部分之间的关系，所采用的"增减"笔画法，即"字有笔画少而增添"，"或因笔画多而减省"，欧阳询在说明"增添"笔画时，举的例子就是这个"新"。

直到今日，《朝日新闻》的报头已经使用了一百三十余年，在日本国内外读者的心目中，这个集字于欧体隶书而成的报头，已经成为不可替代的文化标志。此外，日本政府为了纪念明智神宫建立七十周年，1990 年决定在明智神宫正殿右侧修建神乐殿，1993 年建成后，匾额又是集的欧阳询《九成宫醴泉铭》中的"神乐殿"三个字。

如果说，日本以欧阳询集字作为《朝日新闻》报头还是企业行为，那么，作为皇家神宫的神乐殿也用欧书集字，就充分说明了欧阳询的书法艺术，得到了日本朝野的推崇。

结　论

通过以上五章的论述，笔者认识到：在南北朝后期直至初唐时期中国书法艺术南北兼容的发展趋向曾一度逆转的社会文化背景下，欧阳询自觉地承前启后，因而通过其书艺实践和书论研究，建构出他兼容南北、重法尚意的书史形象。

其一，欧阳询之所以能够如此，在于他所沐浴的特定的地域文化、家族文化和师道文化氛围。从社会学的角度来看，一个人的自然属性要受到遗传基因的影响，这就是家族文化；而社会属性要受到社会环境和文化背景的影响，这就涉及地域文化和师道文化。欧阳询书史形象的建构正是基于这三种文化因素的影响。以往对于欧阳询的研究都只涉及某一方面，是不够完整的。欧阳询出生于南朝，对南国书法文化的文采风流感同身受；后来由南到北，历仕陈、隋、初唐三朝，体悟到北地书法文化的浑朴厚重和这一时代南北兼容的文化走向，从而奠定了其书史形象建构的坚实基础。应该说，欧阳询的这种书史形象，尽管并非他完全自觉的、有意识的建构，却是基于时代和个人因素，在书作和书论中理性地展现出来。

其二，欧阳询南北兼容、重法尚意书史形象的建构，首先体现在他的隶书、行书和草书，尤其是楷书艺术的创作实践中。从现有存世的书作来看，欧阳询综合吸取南帖之意与北碑之法，为唐书尤其是楷书建立起规范的法度，并为南书之意融入书家个体和时代之新意，法意兼容，树一代新风。同时，欧阳询又对自己在书法创作实践之中的艺术体验加以总结。其书法专论受到中国古代实践理性哲学和以形见理思维方式的影响，也受到书家自己的理论认识不够深化的限制，多为感悟式和意象式，尚缺乏理论的系统性和严密性。然而，用现代艺术美学理论加以梳理，就可发现欧阳询的书论探讨了书法用笔、结字、章法等"技"之层面的艺术特质，也揭示了书法本体论、创作论等"道"之层面的艺术规律，其中贯穿着的是中国传统美学的最高境界，即"中和"之美的审美观念。

其三，同是植根于初唐时代，同被推为初唐四大家，虞世南、褚遂良和薛稷等其他三家，因囿于唐太宗以帝王之尊推崇王羲之，朝野遂崇尚南书的艺术风气，更多地重晋韵而尚南意，因袭多于创新；欧阳询则认识到南北朝以后中国书法艺术发展的正确走向，兼容南北，重法尚意，在继承中创新。欧阳询与其他三家相较，在书史承续渊源、书艺气质、书学理论和发展走向上，都表现出其独特性与前瞻性。这绝不是单纯的书法技巧问题，而涉及对书法艺术发展中的源与流，以至中国文化总体精神中的继承与创新等层面的理解、把握问题。由于欧阳询既重视继承，梳理书法之流，更重视探索书法之源，在继承基础上立足现实，勇于创新，因而建构起自己的书史形象。

其四，因为文化经典都是一次性而不可重复的，所以初唐皇权对南朝书风顶礼膜拜，但却忘记了文化艺术经典之所以能够成为经典，是因为它植根于时代而承前启后。一味地因袭模仿，只能陈陈相因，难以铸造经典。欧阳询立足于初唐时代，以其宏阔的理论眼光和深厚的艺术功力，在长期的书法创作实践中，创造出兼容南北的艺术风格，开一代新风。欧书无论真草篆隶，风格一以贯之。这既是其特点，也不无为后人所诟病处，如认为他在《张翰帖》中以"紧缩的、内敛的、压抑的书风"表现张翰的潇洒俊逸倜傥不群，总有些格格不入。这涉及书法的书写内容与艺术形式的统一和书家艺术风格的一致性与多样性的统一问题，和文学作家艺术风格"本调"与"众调"的统一相较，自有其独特性，这一点尚有待于进一步研究。

其五，欧阳询对后代书法发展的影响，表现在书法创作和书论研究两个方面。颜真卿等后代书家正是沿着欧阳询所开启的方向，将中国书法艺术一步步推向一个个新的发展阶段。阮元等书论家继承欧阳询的书艺实践和书论观点，提出"南北书派论"，振兴了宋代以后的书风。但是，就书艺尤其是楷书艺术来说，后代书家随着时代的发展变化，对欧阳询楷书所重之"法"既有"过"，即继承而有所强化，也有"不及"，扬弃而有所淡化；对欧阳询所尚之"意"也不断融入新的因素。这当然是时代因素、个体因素使然，但欧楷仍被后人推为"唐楷第一"。这说明就楷书艺术本身来说，在楷书四大家中不论是颜真卿、柳公权之"过"还是赵孟頫之"不及"，都还没有达到更没有超过欧阳询楷书的艺术水准，但他们却都是"笔墨当随时代"。这就涉及书法艺术与时代风气的关系问题。判断书法艺术的高低、粗细、文野，是根据笔墨技巧的纯艺术之美，还是看其是否反映了时代精神和审美取向，这正是书法作为意象艺术与其他艺术形式的不同之处，需要进一步探讨。

其六，本书之所以从本体论、建构论、比较论、风格论与影响论五个方面，探讨了欧阳询兼容南北、重法尚意书史形象的建构，是希望从世情、时序中探索文变兴废，从文化生态学中认识本体特质，从相互比较中认识研究对象，从流变中鉴定文本原委，从艺术实践中探索理论规律，从发展长河中判断历史价值。

学术研究过程，就是一个从必然王国向自由王国不断深化的过程，这个过程永远不会完结。本书的写作，也只是其间的一个过程。随着新的资料的发掘、认识的不断深化，这个过程还会不断进行下去。

附录一 欧阳询年表

陈武帝永定元年（557）   1 岁

据《新唐书》本传，欧阳询卒年八十五岁。另据张怀瓘《书断》，欧阳询卒年为贞观十五年（641），据此逆推，欧阳询当于陈武帝永定元年生于湖南衡州。

祖欧阳頠，字靖世，时年六十，为通直散骑常侍、安南将军、衡州刺史，封始兴县侯。父欧阳纥，字奉圣，年二十，随父讨伐岭南。

陈武帝永定二年（558）   2 岁

据《陈书·欧阳頠传》，是年正月初一，欧阳頠自衡州刺史改授都督广、交等十九州诸军事，广州刺史。

陈武帝永定三年（559）   3 岁

祖欧阳頠于正月初九日，迁散骑常侍，都督交、广等二十州诸军事。七月初四日，晋号征南将军，改封阳山郡公。

陈文帝天嘉四年（563）   7 岁

祖欧阳頠二月初四日，晋号征南大将军。九月朔日，卒于广州任所，享年六十六。赠侍中、车骑将军、司空、广州刺史，谥曰穆。

父欧阳纥嗣。十二月，率衡、广诸州之兵会合朝廷讨伐陈宝应之乱。

陈文帝天嘉五年（564）   8 岁

父欧阳纥于冬十一月初五日，平定陈宝应之乱。

陈宣帝太建元年（569）   13 岁

父欧阳纥久在广州，遭奸臣所谮，为朝廷所疑，征为左卫将军，甚惧之，遂于十月上旬举兵反。

陈宣帝太建二年（570） 14 岁

父欧阳纥二月兵败，被解送建康，十七日受诛，年三十三，家口籍没。

询当从坐，因匿免于诛灭，翌月因皇太后崩，遇赦得免。为父友东宫佐吏江总收养，教以书计。

陈宣帝太建八年（576） 20 岁

年方弱冠，取字信本。

陈宣帝太建十四年（582） 26 岁

正月十三日，陈后主即位，寻除欧阳询养父太常卿江总为侍郎尚书，又领左骁骑将军，参掌选事。

陈后主至德元年（583） 27 岁

正月初三日，欧阳询养父侍郎尚书江总改吏部尚书。

陈后主至德二年（584） 28 岁

五月二十七日，欧阳询养父吏部尚书江总迁尚书仆射。

陈后主至德四年（586） 30 岁

十月十六日，欧阳询养父尚书仆射江总为尚书令。

陈后主祯明二年（588） 32 岁

六月初三日，欧阳询养父尚书令江总晋号中权将军。

陈后主祯明三年（589） 33 岁

四月，欧阳询养父尚书令江总入隋，受诏出任上开府仪同三司。

隋文帝开皇十四年（594） 38 岁

欧阳询养父江总卒于江都（今南京），终年七十六岁。

隋文帝仁寿四年（604） 48 岁

十一月二十日，陈后主陈叔宝卒于洛阳，葬于邙山。

隋炀帝大业元年（605） 49 岁

四月，大将军周罗睺卒，徐敞撰墓志铭。据赵明诚《金石录目》第五一六"跋尾"，及米芾鉴裁，墓志为欧阳询正书铭石。

隋炀帝大业二年（606）　　　　　　50岁

欧阳询出任太常博士，奉诏与晋王府学士潘徽、著作佐郎陆从典、太常博士褚亮等助越国公杨素撰《魏书》，会杨素卒而止。

隋炀帝大业七年（611）　　　　　　55岁

任太常卿。十月，据赵明诚《金石录目》第五三〇，正书铭石《隋屯卫大将军姚辨墓志》，虞世南兄虞世基撰文志颂。

隋炀帝大业八年（612）　　　　　　56岁

正书铭石《隋尚书左仆射元长寿碑》，立于万年县，虞世南兄虞世基撰文志颂。

隋炀帝大业十三年（617）　　　　　61岁

四月，撰《庐山西林寺道场碑》，立于江州庐山。不著书人名氏，欧阳修《集古录跋尾》以"字法老劲，疑公之书也"，而赵明诚《金石录目》则以此碑字体与《姚辨墓志》《元寿碑》不类，"知非率更书也"。

唐高祖武德元年（618）　　　　　　62岁

三月十二日，宇文化及等弑隋炀帝于江都，隋亡。

十一月初八日，褚遂良父子并入唐，遂良为秦王府铠曹参军。

唐高祖武德二年（619）　　　　　　63岁

二月十七日，欧阳询偕虞世南入夏，授太常卿。

有《苏玉华志》，托名欧阳询撰书。

唐高祖武德三年（620）　　　　　　64岁

有《黄叶和尚志》，托名欧阳询撰书。

唐高祖武德四年（621）　　　　　　65岁

欧阳询随虞世南入唐，世南为秦王府参军，询为唐高祖隋时友朋，授给事中。居西京通化坊。

废隋之五铢钱，行开元通宝钱。七月，欧阳询制"开元通宝"钱词及书，时称其工。

唐高祖武德五年（622）　　　66 岁

欧阳询于给事中任上，作为领修人，与侍中陈叔达、秘书丞令狐德棻等十数人撰《艺文类聚》，并作序。

十二月二十六日，受诏偕秘书监窦琎、秦王府文学姚思廉修《陈书》，历数年，竟不就。

唐高祖武德七年（624）　　　68 岁

九月十七日，撰成《艺文类聚》，一百卷。欧阳询奏上之，赠帛二百段。

唐高祖武德九年（626）　　　70 岁

二月十五日，欧阳询撰并隶书《大唐宗圣观记》，陈叔达撰铭，立于盩厔（今周至）县。

八月初八日，李世民即皇帝位。九月，偕欧阳询以本官兼弘文馆学士。

据《丛编》卷八引《集古录》，欧阳询于武德年间撰写并隶书《唐楚哀王稚诠碑》，具体年份不详。

唐太宗贞观元年（627）　　　71 岁

据《唐会要》卷六四，奉敕虞世南偕欧阳询入弘文馆教示楷法，时有二十四人入馆学书。

唐太宗贞观二年（628）　　　72 岁

十一月二十一日，置书学，隶国子学。

唐太宗贞观四年（630）　　　74 岁

三月十九日，尚书右仆射、蔡国公杜如晦卒，虞世南奉诏撰述《唐杜如晦碑》，据《金石录目》第五五九，跋尾"盖欧阳询书也"，为隶书。

唐太宗贞观五年（631）　　　75 岁

三月二日，欧阳询隶书《房彦谦碑》，立章丘赵山。

九月九日，赐百官大射于武德殿，欧阳询有《嘲萧瑀射》诗，目下有注："宋公萧瑀不解射，九月九日赐射，瑀箭俱不着垛，询咏之云云。"

有《韩云志》，托名欧阳询正书。

十一月十六日，李百药撰，欧阳询正书《化度寺碑》，立于洛阳。

唐太宗贞观六年（632）　　　　76 岁

三月，魏徵撰，欧阳询正书《九成宫醴泉铭》，立于麟游县。

五月中旬，欧阳询撰并行书《兰惹帖》。

七月十二日，书有《付善奴帖》，立于凤翔。

唐太宗贞观八年（634）　　　　78 岁

十一月，欧阳询正书《唐丹州刺史肃恭公张崇碑》，立于咸阳。

唐太宗贞观十年（636）　　　　80 岁

六月二十一日，皇后长孙氏卒。既丧，百官缞经，中书舍人许敬宗因笑欧阳询状貌丑陋，为御史所劾，贬为洪州司马。此前，赵国公长孙无忌亦曾嘲其陋异。

十一月初四日，葬文德皇后于昭陵，立太宗御制、欧阳询隶书《文德皇后碑》。

唐太宗贞观十一年（637）　　　　81 岁

九月，欧阳询正书《阴符经帖》。

十月二十二日，欧阳询撰书《温彦博志》，其正书《温彦博碑》同时立石。

唐太宗贞观十五年（641）　　　　85 岁

欧阳询卒，卒日无考，享年八十五岁。书有正书《皇甫诞碑》《唐瑾碑》，隶书《六马赞》《段文振碑》《段纶碑》。

夫人徐氏，据《金石录目》，卒于武后（应为唐睿宗）文明元年（684）三月。

有子四人，即长卿、肃、伦、通。通字通师，武后朝判纳言事，其母《唐欧阳妻徐氏墓志》，为郑玄廷撰，通所书。

附录二　欧书集评

《旧唐书·欧阳询传》：

　　询初学王羲之书，后渐变其体，笔力险劲，为一时之绝。

《新唐书·欧阳询传》：

　　询初效王羲之书，后险劲过之，因自名其体。

〔唐〕张怀瓘《书断》：

　　八体尽能，笔力险劲，篆体尤精。高（句）丽爱其书，遣使请焉。神尧叹曰："不意询之书名远播夷狄。彼观其迹，固谓其形魁梧耶。"飞白冠绝，峻于古人，有龙蛇战斗之象，云雾轻笼之势，风旋电激，掀举若神。真行之书，出于大令亦别成一体，森森焉若武库矛戟，风神严于智永，润色寡于虞世南。其草书跌宕流通，视之二王，可为动色，然惊奇跳骏，不避危险，伤于清雅之致。自羊、薄以后，略无劲敌，惟永公特以训兵精练，议欲旗鼓相当，欧以猛锐长驱，永乃闭壁固守。

〔唐〕李嗣真《书后品》：

　　欧阳草书，难于竞爽，如旱蛟得水，魑兔走穴，笔势恨少。至于镌勒及飞白诸势，如武库矛戟，雄剑欲飞。

〔唐〕刘餗《隋唐嘉话》：

　　褚遂良问虞监曰："某书何如永叔？"曰："闻彼一字，直钱五万。官岂得若此？"曰："何如欧阳询?"曰:"闻询不择纸笔,皆能如志,官岂得若此?"褚曰:"既然,某何更留意于此?"虞曰:"若使手和笔调,遇合作者,亦深可贵尚。"褚喜而退。

〔宋〕《宣和书谱》:

询喜字,学王羲之书,后险劲瘦硬,自成一家。议者以谓真行有献之法。盖自羊欣、薄绍之以后,略无劲敌,独智永恃兵精练,欲与旗鼓相攻,而询猛锐长驱,智永亦复避锋,殆将为之夺气。其作《付善奴传授诀》笔意殆尽,是诚有所得者。

……

由是晚年笔力益刚劲,有执法面折廷争之风,或比之草里蛇惊,云间电发,至其笔画工巧,意态精密俊逸处,而人复比之孤峰崛起,四面削成,论者皆非虚誉也。

……

然而询虽以正书为翰墨之冠,至于行字,又复变态百出,当是正书之亚,此得其行字为多焉。

〔宋〕朱长文《续书断》:

杰出当世,显名唐初,尺牍所传,人以为法,虽戎狄亦慕其声。然观其少时,笔势尚弱,今庐山有《西林道场碑》是也;及晚益壮,体力完备,奇巧间发,盖由学以致之,《九成宫碑》《温大雅墓铭》是也。其正书,纤秾得中,刚劲不挠,有正人执法、面折廷争之风;至其点画工妙,意态精密,无以尚也。行书黝纠蟠屈,如龙蛇振动,戈戟森列,自成一家。八体尽能,而飞白尤精,今恨不及见也。

〔宋〕米芾《海岳书评》：

欧阳询如新瘥病人，颜色憔悴，举动辛勤。

〔宋〕米芾《宝晋英光集》：

渤海光怪，字亦险绝，真到内史，行自为法。庄若对越，俊若跳掷。

〔宋〕米芾《书史》：

草帖（指《正草九歌千字文》）乃暮年书，精彩动人。

〔宋〕苏轼《东坡集》：

欧阳率更书，妍紧拔群，尤工于小楷。

率更貌寒寝，敏悟绝人。今观其书，劲险刻厉，正称其貌耳。

〔宋〕释适之《金壶记》：

欧阳询因见《右军教献之指归图》一本，以三百缣购之而归。赏玩经月，喜而不寐焉。于是始临其书。其笃志专精如此。

〔宋〕姜夔《续书谱》：

化度胜于醴泉，骎骎入于神品。

〔元〕赵孟頫《化度寺碑题跋》：

唐贞观间能书者，欧阳率更为最善，而《邕禅师塔铭》又其最善者也。

〔元〕郑杓、刘有定《衍极并注》：

欧、虞、褚深得书理，信本伤于劲利，伯施过于纯熟，登善少开阖之势。

〔明〕解缙《春雨斋续书评》：

欧阳询如秋霄健翮，峭壁双清。

〔明〕项穆《书法雅言》：

欧阳信本亦拟右军，易方为长，险劲瘦硬，崛起削成，若观行草，复太猛峭矣。

〔清〕高士奇《仲尼梦奠帖跋》：

欧阳率更学王右军书，险劲瘦硬，自成一

家。议者谓其正行得献之法。羊欣、薄绍之后，绝无能敌，独智永欲与旗鼓相当，而率更猛锐长驱，智永亦避锋夺气。其传授善奴书诀，笔意殆尽。至鸡林遣使求其书，当时名重如此。

〔明〕赵崡《石墨镌华》：

此碑（《虞恭公碑》）字比《皇甫》《九成》善小，而书法严整，不在二碑之下。

时信本已八十余，而楷法精妙如此。

〔明〕沈曾植《海日楼札丛》卷八《菌阁琐谈》：

（《虞恭公碑》）圆秀腴劲，与《醴泉》《化度》不殊，宜其特出有唐，为百代模楷也。

〔清〕郭尚先《芳坚馆题跋》：

唐初人书皆沿隋旧，专为清劲方正，若郭俨之《陆让碑》、殷令名之《裴君倩碑》皆然。率更、中令独能以新意开辟门径，所以为大家。

〔清〕姚孟起《字学忆参》：

欧书貌方而意圆。

欧书用笔不方不圆，亦方亦圆。

〔清〕鲁一贞、张廷相《玉燕楼书法》：

欧阳询骨格嶙峋，殊乏温润之致。

〔清〕冯班《钝吟书要》：

虞世南能整齐不倾倒，欧阳询四面停匀，八方平整，此是二家书法妙处，古人所言也。

欧书如凌云台，轻重分毫无负。妙哉！欧公一片神骨，极有作用，倚墙靠壁便不是。

……

余见欧阳信本行书真迹及《皇甫诞碑》，始悟《定武兰亭序》全是欧法，姜白石都不解。

〔清〕梁巘《评书帖》：

颜不及欧，欧以劲胜，颜以圆胜。欧书力健而笔圆，后世学者不免匾削。欧书劲健其势紧，柳书劲健其势松。

……

欧阳询险劲道刻，锋骨凛凛，特辟门径，独步一时，然无永师之韵，永兴之和。

……

欧书凡险笔必力破余地，而又通体严重，安顿照应，不偏不支，故其险也劲而稳。

……

欧楷书精，而行多生硬。

〔清〕吴德旋《初月楼论书随笔》：

昔人评欧阳率更书如金刚怒目，大士挥拳；虞永兴能中更能，妙中更妙。二家之书，余实未敢定其优劣。涿鹿冯铨谓虞则内含刚柔，欧则外露筋骨，君子藏器，以虞为优。此言非也。欧亦刚柔内含，学欧而不得其笔，乃有露骨之病；学虞而不得其笔，又岂无肉重之失耶？

〔清〕包世臣《艺舟双楫》：

率更如虎饿而愈健。

〔清〕刘熙载《艺概》：

论唐人书者，别欧、褚为北派，虞为南派。盖谓北派本隶，欲以此尊欧、褚也。然虞正自有篆之玉箸意，特主张北书者不肯道耳。

欧、褚两家并出分隶，于道逸二字各得所近。若借古书评之，欧书如龙威虎震，褚书如鹤游鸿戏乎？

〔清〕周星莲《临池管见》：

欧书尤为显著，从密栗得疏朗，或行或楷，必左右揖让，倜傥权奇，戈戟铦锐，物象生动，自成一家风骨。

欧阳父子险劲秀拔，鹰隼摩空，英俊之气咄咄逼人。

〔清〕翁方纲《复初斋文集》：

要之合其结体，权其章法，乃率更平生特出匠意之构，千门万户，规矩方圆之至者矣！斯所以范围诸家，程式百代也。

是碑（《皇甫诞碑》）由隶成楷，因险绝而恰得方正，乃率更行笔最见神采，未遽藏锋，是学唐楷第一必由之路也。

〔清〕王澍《竹云题跋》：

率更风骨内柔，神明外朗，清和秀润，风韵绝人。自右军以来，未有骨秀神清如率更者。《醴泉铭》乃奉诏而作，尤是绝用意书，比之《邕禅师塔铭》，肃括处同，而此更朗畅矣。

〔清〕王昶《春融堂书论》：

欧书《皇甫诞碑》，最为险劲，张怀瓘《书断》称其为"森森焉若武库矛戟"，此等是也。

〔清〕杨宾《大瓢偶笔》：

信本碑版方严莫过于《邕禅师》，秀劲莫过于《醴泉铭》，险峭莫过于《皇甫诞碑》，而险绝尤为难，此《皇甫诞碑》所以贵也。

〔清〕吴玉搢《金石存》：

（《房彦谦碑》）极挑拨险峻之妙，与正书正是一律。兰台《道因》亦全是此种风味也。

〔清〕蒋衡《拙存堂题跋》：

唐人书，如褚登善以姿态胜，故举笔辄变，欧阳信本以骨力胜，故变而不觉其变，所谓有完字具于胸中，若构凌云台，一一皆衡荆而成者也。

此碑（《虞恭公碑》）与《醴泉》相似，《化度寺》《姚恭公碑》字形大小不同，而神骨一辙，后学津梁，莫此为最。

附录三　欧阳询书作原文

化度寺碑原文

右庶子李百药制文，率更令欧阳询书。

盖闻人灵之贵，天象攸凭，禀仁义之和，感山川之秀，穷理尽性，通幽洞微。研其虑者百端，宗其道者三教，殊源异轸，类聚群分。或博而无功，劳而寡要，文胜则史，礼烦斯黩。或控鹤乘鸾，有系风之谕；餐霞御气，致捕影之讥。至於察报应之方，穷死生之变，大慈□运宏济群品，极众妙而为言，冠玄宗以立德，其唯真如之设教焉。若夫性与天道，契协神交，贻照灵心，澄神禅观，则有化度寺僧邕禅师者矣。禅师俗姓郭氏，太原介休人。昔有周氏，积德累功，庆流长世，分星判野，大启藩维。蔡伯喈云："虢者郭也。虢叔乃文王所咨，郭泰则人伦攸属。"圣贤遗烈，奕叶其昌。祖宪，荆州刺史，早擅风猷。父韶，博陵太守，深明典礼。禅师含灵福地，擢秀华宗，爰自弱龄，神识沈静，率由至道，冥符上德。因戏成塔，发自髫年；仁心救蚁，始於廿岁。世传儒业，门多贵仕。时方小学，齿骨上庠，始自趋庭，便观入室，精勤不倦，聪敏绝伦，博览群书，尤明老易。然雅有志尚，高迈俗情，时游僧寺，伏膺释典，风鉴疏朗，豁然开悟。闻法海之微妙，毛发同喜；瞻满月之图像，身心俱净。於是锱铢轩冕，糟粕邱坟，年十有三，违亲入道，於邺西云门寺，依止稠禅师。稠公禅慧通□戒行勤苦，道标方外，声溢区中。□睹暗投，欣然惊异，即授受禅法，数日便诣幽深。稠公尝抚禅师而谓诸门徒曰："五亭□念尽在此矣。"头□兰若，毕志忘疲，仍来往林虑山中，栖托游处。后属周武平齐，像往林虑，入白鹿深山，避时削迹，藏声戢曜，枕石漱流。□岩之下茸茆成室，萝裳薜带，□唯粪□之衣；饵术餐松，尝无麻麦之饭。三途斯绝，百□为群，猛鸷毒螫之徒；潜形匿影，白鹿青鸾之辈。效祉呈祥，每梵音瞻礼，焚香读□□奇禽异兽，攒集庭宇，俱绝□倚，毕来俯伏，貌如恭敬，心疑听受。及开皇之初，宏□释教，於时有魏州信行禅师，□明佛性，大转法轮，实命世之异人，为玄门之益□以道隐之辰，习当根之业，智禅师世幽居，遣人告曰："修道立行，宜以济度为先，□善其身，非所闻也。宜尽弘益之方，昭示流俗。"禅师乃出山，与信行禅□修苦行。开皇九年，信行禅师被敕征召，乃相随入京。京师道俗，莫不遵奉信行禅□□□之□□持徒众，以贞观五年十一月十六日，终於化度寺，春秋八十有九。圣上崇敬□□赠帛追福，即以其月廿二日，奉送灵塔於终南山下鸱鸣坭，禅师之遗令也。徒众收其舍利，起塔於信行禅师灵塔之左。禅师风范凝正，行业精勤。十二部经，尝甘露而俱尽；五百具戒，凌严霜而未凋。虽托迹禅林，避心定水，涉无为之境，绝有待之累，□寓形岩穴，高步京华，常卑辞屈已，体道藏器。未若道安之游樊沔，对凿齿而自伐弥天；慧远之在庐山，折桓元之致敬人主。及迁神净土，委质陁林，四部奔驰，十方号慕，岂止寝歌辍相，舍佩捐珠而已式昭景行，乃述铭云：

绵邈神理，希夷法性。自有成空，从凡入圣。於昭大士，游□□正，德润慈云。心悬灵镜，□蒙悟道，舍俗归真。累明成照，积智为津。行识非想，禅□□□观尽三昧，情销六尘。结构穷岩，留连幽谷。灵应无像，神行匪速。敦彼开导，去兹□□□绝有凭群生仰福，风火□妄泡电同奔。达人忘已，真宅斯存。刹那□□净域□□□□□乐永谢重昏。

皇甫诞碑原文

隋柱国左光禄大夫弘义明公皇甫府君之碑

银青光禄大夫行太子左庶子上柱国黎阳县开国公于志宁制。

夫素秋肃煞，劲草标於疾风；叔世艰虞，忠臣彰於赴难。衔须授命，结缨殉国，英声焕乎记牒，徽烈著於□常，岂若衅起萧墙，祸生蕃翰，强逾七国，势重三监，其有蹈水火而不辞，临锋刃而莫顾，激清风於后叶，抗名节於当时者，见之弘义明公矣。

君讳诞，字玄宪，安定朝那人也。昔立效长丘，树绩东郡，太尉裂壤於槐里，司徒胙土於酅门，是以车服旌其器能，茅社表其勋德，铭功卫鼎，腾美晋钟，盛族冠於国高，华宗迈於栾却，备在史牒，可略言焉。曾祖重华，使持节龙骧将军梁州刺史。润木晖山，方重价於赵璧；媚川照阙，曜奇采於随珠。祖和，雍州赞治，赠使持节散骑常侍车骑大将军仪同三司胶、泾二州刺史。高衢将骋，遽夭追风之足；扶摇始搏，早坠垂天之羽。父璠使持节骠骑大将军开府仪同三司随州刺史长乐恭侯。横剑柣枑，威重冠军；析瑞蕃条，声高渤海。

公量包申伯，禀嵩山之秀气；材兼萧相，降昴纬之淑精。据德依仁，居贞体道。含章表质，讵待变於朱蓝；恭孝为基，宁取训於桥梓。锋□犀象，百练挺於昆吾；翼掩鸳鸿，九万奋於溟海。博韬骨产，文瞻卿云，孝穷温情之方，忠尽匡救之道。同何充之器局，被重晋君；类荀攸之宏图，见知魏主。斯故冗罗众艺，囊括群英者也。起家除周毕王府长史，荣名蕃牧，则位重首寮；祓服睢阳，则誉光上客。既而苍精委驭，炎运启图，作贰边服，实资令望，授广州长史。悦近来远，变轻少於雕题；伐叛怀柔，渐淳化於缓耳。蜀王地处维城，寄深磐石，建□玉垒，作镇铜梁，妙择奇才，以为僚佐，授公益州总管府司法。昔梁孝开国，首辟邹阳，燕昭建邦，肇征郭隗。故得驰令问於碣馆，播芳猷於平台，以古方今，彼此一也。寻除尚书比部侍郎，转刑部侍郎。□步紫庭，光映朝列；折旋丹地，誉重周行。俄迁治书侍御史。弹违纠慝，时绝权豪；霜简直绳，俗寝贪竞。

隋文帝求衣待旦，志在恤刑，咒网泣辜，情存缓狱。授大理少卿。公巨细必察，同张季之听理；宽猛相济，比于公之无冤。但礼闱务殷，枢辖寄重，允膺此职，实难其人。授尚书右丞，洞明政术，深晓治方，臧否自分，条目咸理。丁母忧去职。哀恸里闾，邻人为之罢社；悲感衢路，行客以之辍歌。孝德则师范彝伦，精诚则贯微幽显，虽高曾之至性，何以加焉。寻诏夺情，复其旧任。于时山东之地，俗升民浇，虽预编民，未行声教。诏公持节为河北河南道安抚大使，仍赐米五百石、绢五百匹。公轩布政，美冠皇华之篇；拥节观风，荣甚绣衣之使。事讫反命，授尚书左丞。然并州地处参墟，城临晋水，作固同於西蜀，设险类於东秦，实山河之要冲，信蕃服之襟带。授公并州总管府司马，加仪同三司。公赞务大邦，声名藉甚，精民感化，黠吏畏威。

属文帝剑玺空留，銮跸莫反，杨谅率太原之甲，拥河朔之兵。方叔段之作乱京城，同州吁之挺祸濮上，虽无当璧之地，乃怀夺冠之心。公备说安危，具陈逆顺，翻纳魏勃之荣，反被王悍之灾。仁寿四年九月，溘从运往，春秋五十有一。万机起歼良之叹，百辟兴丧予之悲，切孔氏之山颓，痛杨君之栋折。赠柱国、左光禄大夫，封弘义郡公，食邑五千户，谥曰明公，礼也。丧事所须，随由资给，赐帛五千段，粟三千石。

惟公温润成性，凤表白虹之珍；黼黻为文，幼挺雕龙之采。行已穷於六本，蕴德包於四科，延阁曲台之奇书，鸿都石渠之秘说，莫不寻其枝叶，践其隩隅。譬越箭达犀，徐之以括羽；楚金切玉，加之以磨砻。救乏同於指困，亲识待其举火，进贤方於推毂，知已俟以弹冠。存信舍原，黄金贱於然诺；忘身殉难，性命轻於鸿毛。齐大小於冲襟，混宠辱於灵府，可谓楷模雅俗，冠冕时雄者也。

方当亮采泰阶，参综机务，岂谓世逢多故，运属道消，未展经邦之谋，奄钟非命之酷。世子民部尚书上柱国滑国公无逸，以为邢山之下，莫识祭仲之坟；平陵之东，谁知子孟之墓。乃雕戈勒石，腾实飞声，树之康衢，永表芳烈。庶葛亮之陇，钟庄禁之以樵苏；贾逵之碑，魏君叹之以不朽。乃为铭曰：

殷后华宗，名卿胄系。人物代德，衣冠重世。逢时翼主，膺期佐帝。运荣经纶，执钧匡济。门承积庆，世挺伟人。夜光愧宝，朝采惭珍。云中比陆，日下方荀。抑扬元辅，参赞机钧。玉叶东封，贰图北启。伏奏青蒲，曳裾朱邸。名驰碣石，声高建礼。珥笔宪台，握兰文陛。分星裂士，建侯开国。辅藉正人，相资懿德。中台辍务，晋阳就职。望重府朝，誉闻宸极。乱阶蔓草，灾庄剪桐。成师构难，太叔兴戎。建德效节，夷吾尽忠。命屯道著，身殁名隆。牛亭始卜，马鬣初封。翠碑刻凤，丹旃图龙。烟横古树，云锁乔松。敬铭盛德，永播笙镛。

九成宫醴泉铭碑原文

秘书监检校侍中钜鹿郡公臣魏徵奉敕撰

维贞观六年孟夏之月，皇帝避暑乎九成之宫，此则随之仁寿宫也。冠山抗殿，绝壑为池，跨水架楹，分岩耸阙，高阁周建，长廊四起，栋宇胶葛，台榭参差。仰视则迢递百寻，下临则峥嵘千仞，珠璧交映，金碧相晖，照灼云霞，蔽亏日月。观其移山回涧，穷泰极侈，以人从欲，良足深尤。至于炎景流金，无郁蒸之气，微风徐动，有凄清之凉，信安体之佳所，诚养神之胜地，汉之甘泉不能尚也。皇帝爰在弱冠，经营四方，逮乎立年，抚临亿兆，始以武功壹海内，终以文德怀远人。东越青丘，南逾丹徼，皆献琛奉贽，重译来王，西暨轮台，北拒玄阙，并地列州县，人充编户。气淑年和，迩安远肃，群生咸遂，灵贶毕臻，虽藉二仪之功，终资一人之虑。遗身利物，栉风沐雨，百姓为心，忧劳成疾，同尧肌之如腊，甚禹足之胼胝，针石屡加，腠理犹滞。爰居京室，每弊炎暑，群下请建离宫，庶可怡神养性。圣上爱一夫之力，惜十家之产，深闭固拒，未肯俯从。以为随氏旧宫，营于曩代，弃之则可惜，毁之则重劳，事贵因循，何必改作。于是斫雕为朴，损之又损，去其泰甚，葺其颓坏，杂丹墀以沙砾，间粉壁以涂泥，玉砌接于土阶，茅茨续于琼室。仰观壮丽，可作鉴于既往，俯察卑俭，足垂训于后昆。此所谓至人无为，大圣不作，彼竭其力，我享其功者也。然昔之池沼，咸引谷涧，宫城之内，本乏水源，求而无之，在乎一物，既非人力所致，圣心怀之不忘。粤以四月甲申朔旬有六日己亥，上及中宫，历览台观，闲步西城之阴，踌躇高阁之下，俯察厥土，微觉有润，因而以杖导之，有泉随而涌出，乃承以石槛，引为一渠。其清若镜，味甘如醴，南注丹霄之右，东流度于双阙，贯穿青琐，萦带紫房，激扬清波，涤荡瑕秽，可以导养正性，可以澄莹心神。鉴映群形，润生万物，同湛恩之不竭，将玄泽于常流，匪唯乾象之精，盖亦坤灵之宝。谨案：《礼纬》云：王者刑杀当罪，赏锡当功，得礼之宜，则醴泉出于阙庭。《鹖冠子》曰：圣人之德，上及太清，下及太宁，中及万灵，则醴泉出。《瑞应图》曰：王者纯和，饮食不贡献，则醴泉出，饮之令人寿。《东观汉记》曰：光武中元元年，醴泉出京师，饮之者痼疾皆愈。然则神物之来，寔扶明圣，既可蠲兹沉痼，又将延彼遐龄。是以百辟卿士，相趋动色，我后固怀撝挹，推而弗有，虽休勿休，不徒闻于往昔，以祥为惧，实取验于当今。斯乃上帝玄符，天子令德，岂臣之末学所能丕显。但职在记言，属兹书事，不可使国之盛美，有遗典策，敢陈实录，爰勒斯铭。其词曰：

唯皇抚运，奄壹寰宇，千载膺期，万物斯睹，功高大舜，勤深伯禹，绝后□前，登三迈五。握机蹈矩，乃圣乃神，武克祸乱，文怀远人，书契未纪，开辟不臣，冠冕并袭，琛赞咸陈。大道无名，上德不德，玄功潜运，几深莫测，凿井而饮，耕田而食，靡谢天功，安知帝力。上天之载，无臭无声，万类资始，品物流形，随感变质，应德效灵，介焉如响，赫赫明明。杂沓景福，葳蕤繁祉，云氏龙宫，龟图凤纪，日含五色，乌呈三趾，颂不辍工，笔无停史。上善降祥，上智斯悦，流谦润下，潺湲皎洁，萍旨醴甘，冰凝镜澈，用之日新，挹之无竭。道随时泰，庆与泉流，我后夕惕，虽休弗休，居崇茅宇，乐不般游，黄屋非贵，天下为忧。人玩其华，我取其实，还淳反本，代文以质，居高思坠，持满戒溢，念兹在兹，永保贞吉。

兼太子率更令勃海男臣欧阳询奉敕书

附录四

参考文献

一、古籍类：

1．〔南朝梁〕刘勰：《文心雕龙》，新文化书社，1934 年。

2．〔唐〕姚思廉：《陈书》，中华书局，1972 年。

3．〔唐〕魏徵等：《隋书》，中华书局，1973 年。

4．〔唐〕张彦远：《书法要录》，人民美术出版社，1984 年。

5．〔唐〕刘𫗧：《隋唐嘉话》，中华书局，1979 年。

6．〔五代〕刘昫等：《旧唐书》，中华书局，1975 年。

7．〔宋〕欧阳修、宋祁：《新唐书》，中华书局，1975 年。

8．〔宋〕欧阳修：《集古录目》，商务印书馆，1930 年。

9．〔宋〕米芾：《书史》，中州古籍出版社，2013 年。

10．〔宋〕陈思：《书苑菁华》，北京图书馆出版社，2003 年。

11．〔宋〕李昉：《太平广记》，上海古籍出版社，1990 年。

12．〔宋〕王溥：《唐会要》，上海古籍出版社，1991 年。

13．〔宋〕苏轼：《东坡题跋》，上海远东出版社，1997 年。

14．〔宋〕赵明诚：《金石录》，上海书画出版社，1985 年。

15．〔明〕王世贞：《池北偶谈》，中华书局，2006 年。

16.〔明〕陶宗仪:《书史会要》,上海书店,1988 年。

17.〔明〕项穆:《书法雅言》,中华书局,1983 年。

18.〔清〕章学诚:《文史通义·易教下》,中华书局,1984 年。

19.〔清〕杨守敬:《学书迩言》,文物出版社,1982 年。

20.〔清〕康有为:《广艺舟双楫》,北京图书馆出版社,2004 年。

21.〔清〕包世臣:《艺舟双楫》,商务印书馆,1935 年。

22.〔清〕彭定求等:《全唐诗》,上海古籍出版社,1986 年。

23.〔清〕刘熙载:《艺概》,上海古籍出版社,1982 年。

24.〔清〕朱枫:《雍州金石记》,艺文印书馆,1985 年。

25.〔清〕王昶:《金石萃编》,陕西人民美术出版社,1990 年。

26.〔清〕黄本骥:《隋唐石刻拾遗》,学识斋,1868 年。

27. 方若、王壮弘增补:《增补校碑随笔》,上海书店出版社,1981 年。

28. 杨震方:《碑帖叙录》,上海古籍出版社,1982 年。

29. 张彦生:《善本碑帖录》,中华书局,1984 年。

30. 罗新、叶炜:《新出魏晋南北朝墓志疏证》,中华书局,2005 年。

31. 余华青、张廷浩:《陕西碑石精华》,三秦出版社,2006 年。

32. 吴敏霞:《秦岭碑石经眼录》,三秦出版社,2014 年。

33. 梅墨生:《跋汪鉴斋藏虞恭公温公碑旧拓本》,《中国书法全集·何绍基卷》,荣宝斋出版社,1994 年。

34. 中田勇次郎、傅申:《欧米收藏中国法书名迹集》第 1 卷,日本:中央公论社,1981 年。

二、艺术理论类:

1. 宗白华:《美学散步》,长江文艺出版社,2008 年。

2. 朱光潜:《谈美书简》,长江文艺出版社,2008 年。

3. 朱光潜：《朱光潜美学文学论文选集》，湖南人民出版社，1980 年。

4. 中国社会科学院哲学研究所美学研究室：《美学译文》，中国社会科学出版社，1980 年。

5. 李泽厚：《李泽厚十年集》，安徽文艺出版社，1994 年。

6. 陈振濂：《书法美学》，陕西人民美术出版社，1993 年。

7. 徐复观：《中国艺术精神》，广西师范大学出版社，2007 年。

8. 钟明善：《谈艺录》，陕西旅游出版社，2001 年。

9. 中国书法家协会编：《当代中国书法论文选·理论卷》，荣宝斋出版社，2010 年。

10. ［法］罗丹：《罗丹艺术论》，傅雷译，天津社会科学院出版社，2009 年。

11. ［法］丹纳：《艺术哲学》，张伟译，北京出版社，2004 年。

12. ［美］艾布拉姆斯·M. H 著，《境与灯——浪漫主义文论及批评传统》，郦稚牛译，北京大学出版社，2015 年。

13. ［瑞士］沃尔夫林·海因里希：《艺术学风格》，潘耀昌译，中国人民大学出版社，2004 年。

14. ［英］贝尔·克莱夫：《艺术》，薛华译，江苏教育出版社，2005 年。

15. 陈方既：《书法艺术论》，中国文联出版公司，1989 年。

三、史论类：

1. 钟明善：《中国书法史》，河北美术出版社，2001 年。

2. 朱关田：《中国书法史》（隋唐五代卷），江苏教育出版社，2002 年。

3. 罗厚礼、姜寿田主编：《中国书法发展史》，天津古籍出版社，2010年。

4. 朱关田：《中国书法全集》，荣宝斋出版社，1993年。

5. 沙孟海：《中国书法史图录》，上海美术出版社，2000年。

6. ［日］木神莫山：《中日书法史》，创元社，1985年。

7. 中国书法家协会编：《当代中国书法论文选·书史卷》，荣宝斋出版社，2010年。

8. 何炳武：《中国书法思想史》，陕西人民出版社，2008年。

9. 陈方既、雷志雄：《书法美学思想史》，河南美术出版社，1994年。

10. 陈振濂：《中国书法批评史》，中国美术学院出版社，1997年。

11. 沙孟海：《沙孟海论书丛稿》，上海书画出版社，1987年。

12. 徐连达：《唐朝文化史》，复旦大学出版社，2003年。

13. 张弘：《欧阳询书法鉴赏》，远方出版社，2004年。

14. 刘正成：《中国书法鉴赏大辞典》，大地出版社，1989年。

四、书论类：

1. 萧元：《初唐书论》，湖南美术出版社，1997年。

2. 周倜：《初唐四大书法家》，北京燕山出版社，1998年。

3. 华人德：《历代笔记书论》，江苏教育出版社，2001年。

4. 潘运告：《中晚唐五代书论》，湖南美术出版社，1997年。

5. 潘运告：《宋代书论》，湖南美术出版社，1999年。

6. 潘运告：《晚清书论》，湖南美术出版社，2004年。

7. 华东师范大学古籍整理研究室：《历代书法论文选》，上海书画出版社，1993年。

8. 崔尔平：《历代书法论文选续编》，上海书画出版社，1993 年。

9. 王世征：《历代书论名篇解析》，文物出版社，2016 年。

10. 李巍：《书谱研究》，世界图书出版公司，2015 年。

11. 启功：《书法概论》，北京师范大学出版社，1986 年。

12. 启功：《启功丛稿》，中华书局，1981 年。

13. 马宗霍：《书林藻鉴》，文物出版社，2015 年。

14. 于钟华：《问道王羲之》，中华书局，2015 年。

15. 陈振濂：《品味经典》，浙江古籍出版社，2006 年。

16. 何炳武：《颜真卿评传》，三秦出版社，2011 年。

17. 何炳武：《柳公权评传》，三秦出版社，2008 年。

18. 朱友舟：《中国古代书法理论研究丛书》，江苏美术出版社，2008 年。

19. 上海书画出版社编：《二十世纪书法研究丛书》，上海书画出版社，2008 年。

20. 中国书法家协会编：《当代中国书法论文选·批评卷》，荣宝斋出版社，2010 年。

21. 刘诗：《中国古代书法家》，文物出版社，2003 年。

五、期刊类：

1. 朱关田：《欧阳询年谱》，《中国书画》，2010 年第 8 期。

2. 朱关田：《欧阳询书迹考略》，《中国书画》，2010 年第 8 期。

3. 张彦生：《〈九成宫醴泉铭〉碑拓本述略》，《文物》，1980 年第 4 期。

4. 施安昌：《〈化度寺故僧邕禅师舍利塔铭〉敦煌本、王孟扬本校碑纪事》，《文物》，1991 年第 8 期。

5. 顾铁符：《隋姚辩墓志铭传小议》，《故宫博物院院刊》，1991 年第 2 期.

6. 叶永胜：《欧阳询真迹考——敦煌卷子五〇四三号

试探》，《金陵职业大学学报》，2000 年第 4 期。

7. 杨心珉：《从武德开元通宝钱文设计看欧阳询的书法理念》，《艺术百家》，2014 年第 5 期。

8. 李浪涛：《唐昭陵发现欧阳询书〈昭陵刻石文碑〉》，《碑林集刊》，2004 年第 10 期。

9. 梁建邦：《杨素墓志的发现与价值》，《渭南师专学报》，1990 年第 1 期。

10. 姚双年：《杨素墓志初考》，《文物与考古》，1993 年第 2 期。

11. 周铮：《杨素墓志初考补正》，《文物与考古》，1993 年第 2 期。

12. 黄征：《欧阳询行楷〈千字文〉俗字与敦煌俗字异同考辨》，《敦煌研究》，2009 年第 1 期。

13. 魏永年：《〈房彦谦碑〉为欧阳询所书考》，《美术观察》，2016 年第 3 期。

14. 华人德：《欧体和石经、雕版印刷》，《中国书画》，2010 年第 8 期。

15. 张云：《唐宗圣观记碑》，《碑林集刊》，1996 年第 4 期。